MEDICAL SPANISH

Interviewing the Latino Patient

A Cross-Cultural Perspective

Teresa González-Lee, Ph.D.

Miracosta College

and

University of California—San Diego, School of Medicine

Harold J. Simon, M.D., Ph.D.

University of California—San Diego, School of Medicine

PRENTICE HALL, Upper Saddle River, New Jersey 07458

Library of Congress Cataloging-in-Publication Data

Gonzalez-Lee, Teresa, [date]
    Medical Spanish : interviewing the Latino patient : a cross-cultural perspective / Teresa Gonzalez-Lee, Harold J. Simon.
      p.   cm.
    Text in Spanish with preface in English.
    ISBN 0-13-572512-7
    1. Spanish language—Conversation and phrase books (for medical personnel) 2. Medicine—Terminology. I. Simon, Harold J. (Harold Joachim, [date] . II. Title.
    [DNLM: 1. Medicine—phrases—Spanish. W 15 G643m]
    PC4120.M3G6 1990
    468.3′421′02461—dc20
    DNLM/DLC
    for Library of Congress
                                89–70896
                                        CIP

Acquisitions editor: *Steve Debow*
Editorial assistant: *María García*
Editorial/production supervision
      and interior design: *Louise B. Capuano*
Cover design: *20/20 Services, Inc.*
Manufacturing buyer: *Ed O'Dougherty*

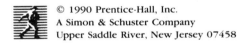

© 1990 Prentice-Hall, Inc.
A Simon & Schuster Company
Upper Saddle River, New Jersey 07458

Printed in the United States of America

10 9 8 7 6 5 4 3

ISBN 0-13-572512-7 (with cassettes)

ISBN 0-13-572819-3 (without cassettes)

Prentice-Hall International (UK) Limited, *London*
Prentice-Hall of Australia Pty. Limited, *Sydney*
Prentice-Hall Canada Inc., *Toronto*
Prentice-Hall Hispanoamericana, S.A., *Mexico*
Prentice-Hall of India Private Limited, *New Delhi*
Prentice-Hall of Japan, Inc., *Tokyo*
Simon & Schuster Asia Pte. Ltd., *Singapore*
Editora Prentice-Hall do Brasil, Ltda., *Rio de Janeiro*

A mi madre—María Jaque vda. de González
A mi hijo—Hirám González-Lee

Compañeros espirituales de mi pasado y de mi futuro. . . .

The beacon and the light that have guided my past
and illuminate my future. . . .

Teresa González-Lee

Contents

4 **La entrevista con apertura cultural 79**

5 **Historias médicas especializadas   97**

6 **La salud mental de los pacientes latinos   122**

7 **El reconocimiento físico   141**

8 **La comunicación intercultural   165**

Apendices   181

Contents of Accompanying Cassettes

SIDE 1A   (42:42)

Saludos: Conociendo al paciente   (page 2)
Las enfermedades   (page 14)
Tres pacientes del doctor Chávez   (page 24)
Un paciente en el campo   (page 86)
Con el curandero   (page 90)
Un parto   (page 98)

SIDE 1B   (44:06)

La torcedura en el tobillo   (page 104)
Con el urólogo: Una infección en el tracto urinario   (page 113)
Una visita a la psiquiatra   (page 133)
El examen pélvico   (page 148)
El examen pediátrico   (page 156)
La comida y la nutrición   (page 171)

SIDE 2A   (29:27)

Protocolos de las sesiones clínicas   (pages 31–38)

SIDE 2B   (28:35)

Historia general completa: Repaso por sistemas   (pages 49–61)

Preface

Medical Spanish: Interviewing the Latino Patient is a textbook for medical students and health care professionals who communicate with Spanish-speaking patients in hospitals, clinics, and offices. The book has been conceived as a reader which focuses on communication among professionals and patients. Intercultural issues are continuously explored in the text.

The materials presented in the book have been thoroughly tested in classroom situations at the University of California—San Diego, School of Medicine. Pre-clinical students have achieved proficiency in Medical Spanish after one year or less of classroom, language laboratory, and clinical instruction.

The primary objective of *Medical Spanish* is to develop oral proficiency in Spanish. The book combines the most modern pedagogy with the authors' experiences in teaching Spanish and cross-cultural sensitivity in a bilingual, bicultural region. The dialogues, readings, and interviews are derived from actual encounters with Latino patients in settings where Spanish is the principal means of communication. Text materials are as authentic as rules of confidentiality permit.

Communicative activities are fundamental to a successful language course and therefore comprise a major portion of each chapter in this text. Many activities elicit oral communication by means of role-playing, with students alternatively assuming the roles of doctor and patient. Other activities are designed for small groups or teams. Our illustrations foster a general understanding of clinical situations presented in the readings, cultural notes, dialogues, and interviews throughout the book.

The book consists of eight chapters, each divided into topical sections which begin with a dialogue, reading, or interview. Most dialogues and interviews are available on the cassettes which accompany the book, lending itself perfectly to home study. The abundance of excellent grammar texts makes detailed grammatical explanations unnecessary. *Medical Spanish* concentrates instead on language acquisition within a medical context. Idiomatic expressions or difficult grammatical constructions are explained in footnotes throughout the book. Concurrent use of a core grammar text and computer-assisted instructional programs could be quite helpful.

Several varieties of readings are presented: long and short essays, stories, notes, and interviews with medical and intercultural emphases. Our objective is to provide intellectual stimulation to elicit conversation and discussion on each topic. Pertinent vocabulary items are listed at the end of each dialogue to facilitate comprehension. Lengthier readings are glossed for quick reference.

Three appendices on anatomy, symptoms, and diseases illustrate lists of terms organized along standard and colloquial formats.

The authors wish to thank the many medical students who helped in the development of *Medical Spanish*. Their feedback has been essential and has greatly enhanced the flavor of the book. We are particularly grateful to Martha Soza, Joe Kelleher, Ronald Flores, and Gabriela Sebiane, whose edited interviews provided us with many of the medical histories and activities in the book. Our special thanks go to Michaele Waldburger for her spirited efforts to prepare the manuscript. We greatly appreciate her hours of work and patience.

We take great pleasure in recognizing the pioneering work of Arthur Kleinman, M.D., Eugene Beresin, M.D., and Christopher Gordon, M.D., of Harvard University, and Barbara Bates, M.D., of the University of Rochester.

We gratefully acknowledge the help we received from Nancy Jones-Soto, M.D., who reviewed portions of the manuscript at very early stages of its development and who also served as clinical professor for many of our medical students. In addition, we acknowledge the help of the following individuals, who also reviewed portions of the manuscript at various stages of development. Each provided invaluable comments which we have tried to incorporate into this final version of the text. The listing of their names is a token of our appreciation and does not necessarily imply endorsement of the material.

Paula Braveman, M.D.
University of California—San Francisco

Ozzie Díaz-Duque
University of Iowa

Doug Campos-Outcault, M.D.
Health Sciences Center, University of Arizona

Louise Gloss, R.N.
Health Communication in Spanish, Newton, Massachusetts

Nora González
University of Iowa

Dale A. Koike
University of Texas—Austin

Renato Martínez
Cornell College

Leonard Newmark
University of California—San Diego

Consuelo Piptipan
University of Arizona

Nancy Jones-Soto, M.D.
San Diego, California

We also thank the many people at Prentice Hall who enabled *Medical Spanish* to see the light of 'day. Our editor, Steve Debow, and his assistant, María García, convinced us to bring the project to Prentice Hall. They have gently guided the development of the book and have made our publishing experience enjoyable and challenging. We are also very grateful to Ms Louise Capuano, production editor, for her original and interesting suggestions and for her patience in working with us.

We are grateful to Roberto Pozos for the sensitivity of his artwork, to Cheryl Van de Veer for her unique drawings, and to Sandy Alves for her excellent anatomical illustrations.

A note of appreciation and thanks to our families for their forbearance during the gestational period.

Teresa González-Lee

Harold J. Simon

1

Anatomía, síntomas y enfermedades

INTRODUCCION

Un señor latino

Saludos: Conociendo al paciente

En la oficina de la doctora Lampley.

DRA. LAMPLEY—Buenos días, señor.

SR. LOPEZ—Buenos días, doctora.

DRA. LAMPLEY—Yo soy la doctora Lampley.

SR. LOPEZ—Mucho gusto de conocerla, doctora.

DRA. LAMPLEY—Sólo hablo un poco de español pero dígame si no me entiende, por favor.

SR. LOPEZ—Está bien, doctora.

DRA. LAMPLEY—¿Cómo se llama Ud.?

SR. LOPEZ—Me llamo Juan López Carvajal.

DRA. LAMPLEY—¿Vive Ud. en San Diego, señor López?

SR. LOPEZ—Sí, vivo en Chula Vista.

DRA. LAMPLEY—¿Cuántos años tiene, señor López?

SR. LOPEZ—Tengo treinta y nueve años.

DRA. LAMPLEY—¿En qué puedo ayudarlo hoy?

SR. LOPEZ—Tengo mucho dolor en el lado izquierdo del estómago.

DRA. LAMPLEY—Muéstreme donde le duele.

SR. LOPEZ—Aquí, doctora. Me duele aquí.

DRA. LAMPLEY—¿Desde cuándo tiene el dolor?

SR. LOPEZ—Desde el lunes pasado. Cinco días exactamente.

DRA. LAMPLEY—¿Es agudo el dolor?

SR. LOPEZ—Sí, a veces sí.

DRA. LAMPLEY—¿Es constante el dolor?

SR. LOPEZ—Sí, lo tengo todo el tiempo.

DRA. LAMPLEY—¿Ha cambiado el dolor en los últimos días?

SR. LOPEZ—No mucho.

DRA. LAMPLEY—¿Está hoy peor que ayer?

SR. LOPEZ—Sí, doctora.

DRA. LAMPLEY—Bueno, voy a examinarlo.

SR. LOPEZ—Está bien, doctora.

Vocabulario

SUSTANTIVOS

el **dolor**   *pain*
el **estómago**   *stomach*
el **lado**   *side*
el **lunes**   *Monday*

VERBOS

ayudar   *to help*
cambiar   *to change*
conocer   *to know people*
doler   *to hurt*
  me duele   *it hurts me*
mostrar   *to show*
  muéstreme   *show me*
vivir   *to live*

ADJETIVOS

agudo, -a   *sharp*
peor   *worse*

FRASES UTILES

¿Cuántos años tiene?   *How old are you?*
todo el tiempo   *all the time*

Greetings: Getting to know the patient. *At Dr. Lampley's office.* DR. LAMPLEY—Good morning, sir. MR. LOPEZ—Good morning, Doctor. DR. LAMPLEY—I am Dr. Lampley. MR. LOPEZ—Pleased to meet you, Dr. Lampley. DR. LAMPLEY—I only speak a little Spanish, but please tell me if you do not understand me. MR. LOPEZ—It's all right, Doctor. DR. LAMPLEY—What is your name? MR. LOPEZ—My name is Juan López Carvajal. DR. LAMPLEY—Do you live in San Diego? MR. LOPEZ—Yes, I live in Chula Vista. DR. LAMPLEY—How can I help you today? MR. LOPEZ—I have a lot of pain on the left side of my stomach. DR. LAMPLEY—Show me where it hurts. MR. LOPEZ—Here, doctor. It hurts me here. DR. LAMPLEY—How long have you had the pain? MR. LOPEZ—Since last Monday. For exactly five days. DR. LAMPLEY—Is the pain sharp? MR. LOPEZ—Yes, sometimes it is. DR. LAMPLEY—Is the pain constant? MR. LOPEZ—Yes, I have it all the time. DR. LAMPLEY—Has the pain changed recently? MR. LOPEZ—Not very much. DR. LAMPLEY—Is today worse than yesterday? MR. LOPEZ—Yes, Doctor. DR. LAMPLEY—OK, I am going to examine you. MR. LOPEZ—OK, Doctor.

Preguntas de comprensión

1. ¿Cómo se llama el paciente?
2. ¿Cómo se llama la doctora?
3. ¿Dónde vive el Sr. López?
4. ¿Cuántos años tiene el paciente?
5. ¿Qué problema tiene el Sr. López?
6. ¿Dónde le duele?
7. ¿Cómo es el dolor a veces?
8. ¿Ha cambiado el dolor recientemente?
9. ¿Está hoy peor que ayer?
10. ¿Qué va a hacer el doctor después?

Actividades

A. Aprendiendo a conocer al paciente. Formule las preguntas que faltan en el diálogo siguiente.

MEDICO—_____

PACIENTE—Me llamo María Felicidad García.

MEDICO—_____

PACIENTE—Vivo en el 5306 de la avenida Hudson.

MEDICO—_____

PACIENTE—Sí, doctor, estoy casada.

MEDICO—_____

PACIENTE—Soy cubana, de La Habana.

MEDICO—_____

PACIENTE—Tengo veinte y nueve años.

MEDICO—_____

PACIENTE—No tengo seguro de salud. Voy a pagar en efectivo por la consulta.

B. Conversemos.   Pregúntele a un paciente:

Nombre y apellidos _____

Dirección _____

Ocupación _____

Teléfono _____

Edad _____

Seguro de salud _____

ANATOMIA

Diagrama anatómico: Partes del cuerpo

Vista Anterior

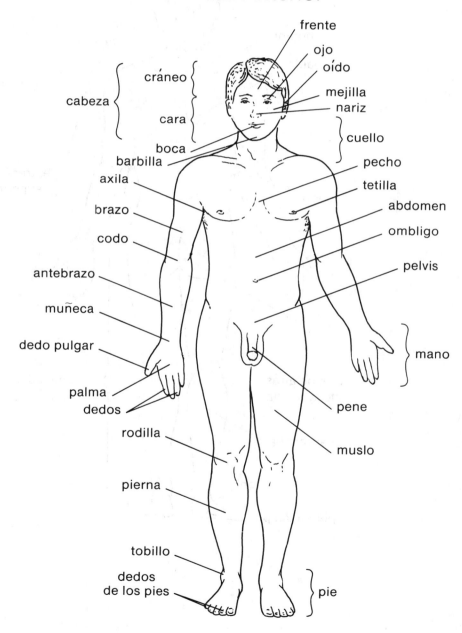

frente
ojo
oído
cráneo
mejilla
cabeza
nariz
cara
cuello
boca
pecho
barbilla
tetilla
axila
abdomen
brazo
ombligo
codo
pelvis
antebrazo
muñeca
dedo pulgar
mano
palma
dedos
pene
rodilla
muslo
pierna
tobillo
dedos
de los pies
pie

Vista Posterior

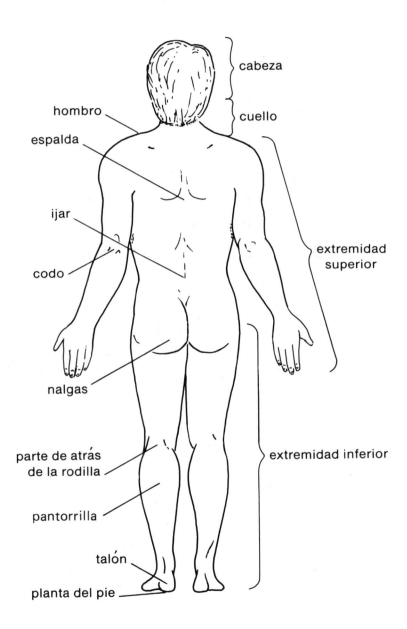

cabeza

cuello

hombro

espalda

ijar

codo

extremidad
superior

nalgas

parte de atrás
de la rodilla

pantorrilla

extremidad inferior

talón

planta del pie

GLOSARIO ANATOMICO

INGLES	ESPAÑOL ESTANDARD	ESPAÑOL COLOQUIAL
abdomen	el **abdomen**	el **estómago**
bladder	la **vejiga**	
brain	el **cerebro**	la **cabeza**, el **coco**
breast	el **seno**	los **pechos**, las **chichis**
chest	el **tórax**	el **pecho**
eye	el **ojo**	la **vista**
face	la **cara**	el **rostro**
gallbladder	la **vesícula**	la **hiel**, la **yel**
genitals	los **genitales**	las **partes**, el **entresijo**
hand	la **mano**	
head	la **cabeza**	la **chompeta**, el **coco**
heart	el **corazón**	el **motor**
joint	la **articulación**	la **coyuntura**, la **coyontura**
leg	la **pierna**	
mouth	la **boca**	la **trompa**
neck	el **cuello**	el **pescuezo**, la **nuca**
penis	el **pene**	el **palo**, el **miembro**, el **bat**, el **pito**, la **cosa** (*often confused with* **pene**, la **glándula masculina**)
prostate gland	la **próstata**	
shoulder	el **hombro**	la **espalda**

Actividades

A. Escriba las partes del cuerpo correspondientes a los dibujos.

Vista Anterior

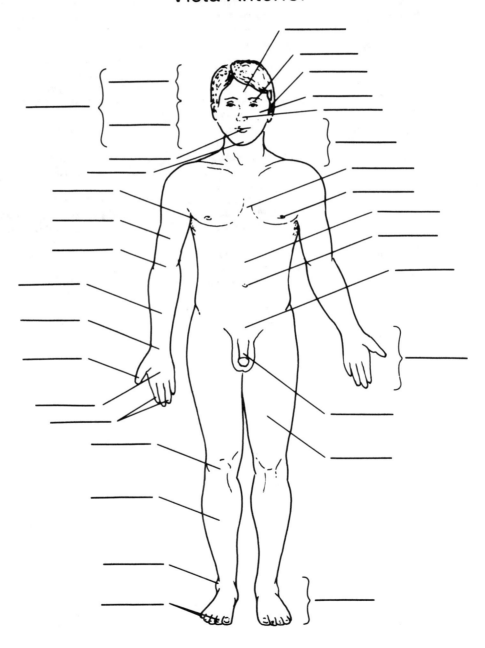

Vista Posterior

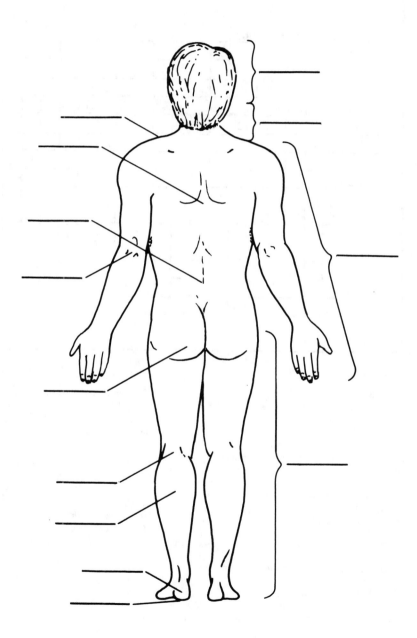

B. Crucigrama del cuerpo (*Body puzzle*). Lea las frases y trate de pensar en las partes anatómicas del cuerpo que definen. Escriba la respuesta en el crucigrama. (Las respuestas están al final del capítulo.)

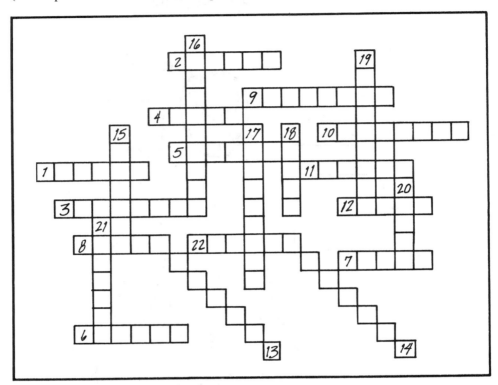

HORIZONTAL

1 A los payasos les gusta pintarse esto.
2 La parte entre la pierna y el área pélvica.
3 Un hematoma subdural puede afectar este órgano.
4 Otra palabra para "miembro".
5 La palabra coloquial para "intestino".
6 Se gastan millones de dólares para tener esto seco.
7 Se escribe igual que "uvas" excepto por la segunda letra.
8 Esta parte del cuerpo tiene una gran representación en el homunculus.
9 La palabra "coraje" se deriva de esta parte anatómica del cuerpo.
10 La de Scarlett O'Hara tenía solamente diecinueve pulgadas.
11 "Cheers!" en español.
12 Alguien que no está enfermo.
22 Sin éstos sería difícil tocar un instrumento musical.

DIAGONAL

13 Tiene una estructura parecida al *caracol*.
14 A Drácula y a los vampiros les encanta esto.

VERTICAL

15 Sirve para andar.
16 Esta parte del cuerpo sube, baja y da vueltas.
17 Es la cubierta de los ojos.
18 Uno de los lugares del cuerpo que prefiere el bebé.
19 Un vecino del tendón de Aquiles.
20 La parte de atrás del cuello.
21 Está entre la mano y el brazo.

C. Escriba en el espacio en blanco la letra que corresponda.

a. el sistema circulatorio   **d.** el sistema respiratorio

b. el sistema digestivo   **e.** el sistema nervioso

c. el sistema genitourinario   **f.** el sistema reproductivo

1. _____ el cerebro   6. _____ el hígado   11. _____ el testículo

2. _____ el corazón   7. _____ el páncreas   12. _____ la vejiga

3. _____ el intestino   8. _____ la vesícula   13. _____ la vagina

4. _____ el colon   9. _____ el pulmón   14. _____ los bronquios

5. _____ el riñón   10. _____ el útero   15. _____ los ovarios

D. Los órganos del sistema digestivo. Estudie la lista.

la **boca**	el **estómago**
los **dientes**	el **hígado**
la **lengua**	el **páncreas**
la **faringe**	el **intestino grueso-colon**, el **recto**, el **ano**
el **esófago**	el **intestino delgado**, el **duodeno**

Piense en todas las partes de los sistemas respiratorio y circulatorio y escriba las palabras en secuencia como en el ejemplo anterior. Use los espacios dados.

EL SISTEMA RESPIRATORIO	EL SISTEMA CIRCULATORIO
_____	_____
_____	_____
_____	_____
_____	_____
_____	_____

SINTOMAS

Son las dos de la mañana cuando me despierto°. Oigo el reloj con *wake up*
su tic-tac. Me siento en la cama. El sudor° me moja todo el cuerpo. *sweat*
Me toco la frente y siento la fiebre. Debo haber tenido calentura° *temperature*
durante la noche. Empiezo a toser° nuevamente. Arrojo una flema *cough*
anaranjada. Esto parece una enfermedad seria. ¿Es la fiebre alta la
que me da una sensación de mareo? Veo imágenes borrosas° *blurry*
cuando cierro los ojos. Tengo mucho miedo porque me duele el
pecho. Necesito ayuda . . . tengo mucha sed. Doy un grito y des-
pierto. ¡Es sólo una pesadilla°! *nightmare*

Preguntas de comprensión

1. ¿A qué hora se despierta?
2. ¿Por qué se sienta en la cama?
3. ¿Qué síntomas tiene?
4. ¿Qué enfermedad puede ser según los síntomas?
5. ¿Cómo se soluciona la enfermedad?

Un estudio de los síntomas

Actividades

A. Adivinanzas: *¿Qué me pasa, doctor?* Considere las descripciones de síntomas siguientes y haga el diagnóstico. (Las respuestas están al final del capítulo.)

1. Hoy tengo dolor fuerte en el corazón. Es una sensación de mucha presión. También el dolor se extiende a mi brazo izquierdo y hombro. He tenido la presión alta por un año y estoy tomando medicina para la presión. Ahora se me hinchan los tobillos[1] por las noches y me falta la respiración.

2. Tengo dolor de estómago. Es un dolor quemante.° El dolor se alivia cuando como un poco y la acidez° desaparece. A veces vomito y tengo náuseas porque me mareo mucho. También creo que tengo un catarro otra vez y muy malo porque me dan° vértigos.

burning

heartburn

I get, I become

ÚLCERAS EN EL ESTOMAGO

VIDA SALUDABLE CON
HABITOS CORRECTOS

HABITOS DAÑINOS
A LA SALUD

3. No tengo la regla por dos meses. Me mareo por las mañanas y siento náuseas con el olor de las comidas. A veces vomito y orino con más frecuencia. Creo que me han salido manchas° en la cara. Mi mamá dice que son «paños».

spots

4. El niño está enfermito. Tiene escurrimiento de la nariz°, bastante tos, un poco de calentura. Me parece que le duele la

runny nose

---

[1]**se me hinchan los tobillos** *my ankles swell* (literally "my ankles get swollen," a reflexive structure which expresses the idea of involuntary action).

garganta porque la noto roja. Está muy llorón° y no tiene   *he cries a lot*
ganas de comer.

5. Me mordió un perro ayer y hoy siento mucho dolor y picazón
en la pierna. Estoy muy intranquilo y nervioso. Además°, me   *besides*
saliva la boca. La saliva es un poco espesa° y muy pegajosa°.   *thick; sticky*

B. ¿Qué tengo, doctor? Dé Ud. la descripción de los síntomas siguientes y haga
que sus compañeros descubran la enfermedad.

1. un problema urinario   **2.** síntomas endocrinológicos
3. síntomas neurológicos   **4.** síntomas del sistema linfático
5. síntomas musculares

LAS ENFERMEDADES

En la oficina del doctor Chávez. El paciente tiene diabetes.

SR. GONZÁLEZ—Buenas tardes, doctor.
    DR. CHÁVEZ—Buenas tardes, señor González. ¿Cómo se siente hoy?
SR. GONZÁLEZ—No estoy muy bien, doctor.
    DR. CHÁVEZ—Veo que está deprimido. ¿Está tomando las medicinas?
SR. GONZÁLEZ—Sí, doctor, aunque a veces me olvido de inyectar la insulina. Esta se-
            mana me he desmayado dos veces.
    DR. CHÁVEZ—Pues, tiene que inyectarse y comer con regularidad.
SR. GONZÁLEZ—¡Ay! doctor, es muy difícil esta enfermedad.
    DR. CHÁVEZ—Sí, pero Ud. debe cuidarse bien para controlar su diabetes. ¡Veámos!

Vocabulario

VERBOS

cuidarse *to take care of oneself*
deber *to have to (must)*
desmayarse *to faint*
inyectar *to inject, give a shot*
olvidarse *to forget*
ver *to see*
    veámos *let's see*

ADVERBIOS

con regularidad *regularly*
aunque *although*

FRASES UTILES

tener que *to have to*
a veces *sometimes*

At Dr. Chávez's office. The patient has diabetes mellitus. MR. GONZALEZ—Good afternoon, Doctor. DR.
CHAVEZ—Good afternoon, Mr. Gonzalez. How are you feeling today? MR. GONZALEZ—I'm not very well, Doctor. DR. CHAVEZ—I see that you are down. Are you taking your medication? MR. GONZALEZ—Yes, Doctor, although sometimes I forget to give myself the insulin shot. This week I've fainted twice. DR. CHAVEZ—Well,
you have to get your shot and you also have to eat regularly. MR. GONZALEZ—Oh, Doctor. This disease is
very difficult. DR. CHAVEZ—Yes, but you must take good care of yourself in order to control your diabetes.

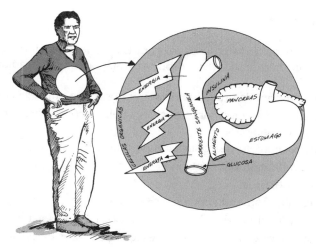

La diabetes

Preguntas de comprensión

1. ¿Cómo se siente el Sr. González?
2. ¿Está tomando las medicinas para la diabetes?
3. ¿Por qué se ha desmayado dos veces en la semana?
4. ¿Qué recomienda el doctor Chávez?
5. ¿Por qué es importante que se inyecte la insulina un diabético?

GLOSARIO DE ENFERMEDADES

ENFERMEDADES COMUNES

el **catarro** *cold*
la **cirrosis** *cirrhosis*
la **desnutrición** *malnutrition*
la **hepatitis** *hepatitis*
la **pulmonía** *pneumonia*
la **tuberculosis** *tuberculosis*

ENFERMEDADES DE NIÑOS

el **cólico** *colic, abdominal cramps*
el **dolor de oídos** *earache*
la **meningitis** *meningitis*
la **poliomielitis** *polio*
el **sarampión** *measles*
la **varicela** *chicken pox*
las **viruelas locas** *smallpox*

ENFERMEDADES FOLKLÓRICAS

el **empacho** *surfeit* (abdominal pain)
el **mal de ojo** *evil eye*
la **caída de la mollera** *fallen fontanelle*

ENFERMEDADES SERIAS O GRAVES

la **angina** *angina pectoris*
el **ataque del corazón** *heart attack*
la **embolia** *stroke*
el **paro cardíaco** *heart failure*
el **SIDA** *AIDS*

Actividades

A. Piense las palabras en español para las siguientes enfermedades. Si no las sabe, consulte un diccionario. (Las respuestas están al final del capítulo.)

1. una enfermedad del sistema respiratorio que empieza con «e».
2. efectos en la piel por exposición del cuerpo a altas temperaturas, e.g., agua caliente, fuego.
3. un crecimiento descontrolado de las células causando tumores.
4. la paralización del corazón.
5. mucha diarrea.
6. una infección en la conjuntiva del ojo.
7. una condición de malestar general por falta de agua en el cuerpo.
8. una enfermedad causada por exceso de azúcar en el cuerpo.
9. una enfermedad, con carácter de epidemia, que afecta el sistema inmunológico y el sistema nervioso central.
10. una enfermedad que la causa una infección al hígado.

B. Situaciones: Hablando con el paciente. Explique a un paciente latino que tiene los síntomas de algunas de las siguientes enfermedades.

1. la arterioesclerosis
2. la úlcera
3. la angina de pecho
4. la trombosis coronaria
5. el fibroma de la matriz
6. el cambio de vida
7. la embolia
8. el cáncer
9. el quiste al riñón
10. la pulmonía

C. Pantomima de enfermedades.   Usando su sentido de humor, haga la pantomima de las siguientes condiciones, molestias o accidentes del diario vivir.

1. simulando un embarazo
2. teniendo un ataque de hipo
3. cojeando con calambres
4. cayéndose y quebrándose una pierna

Las enfermedades de la infancia

Carlitos está enfermo hoy. Por lo general es un niño muy sano° y   *healthy*
casi nunca tiene problemas de salud. Su mamá lo lleva al doctor
para todos los chequeos y vacunas° de los niños. El tiene la vacuna   *vaccinations*
contra la difteria, el tétano, y la tos ferina. También, Carlitos ya
recibió la vacuna contra la polio. Esta es una vacuna oral y no una
inyección°. ¿Qué le pasa hoy? El siente mucha comezón° por todo   *shot; itching*

el cuerpo y una calentura de 102 grados. Su mamá está preocupada
y llama al doctor de la familia. El médico la tranquiliza° diciéndole   *calms her*
que Carlitos tiene los síntomas de la varicela, una enfermedad muy
común de la infancia y para la que no hay inmunización. El quiere
que la mamá lo llame° si Carlitos se siente peor. La mamá se queda   *calls*
más tranquilo, pero Carlitos siente que le pica más el cuerpo°.   *feels his body itch*

Actividad

A. Reconstrucción de la lectura. Use las palabras claves en el párrafo siguiente
y empiece su propia versión de la historia.

> ...enfermo...niño...sano...casi nunca...salud...lo lleva...chequeos...vacunas...
> contra...difteria, tétano, tos ferina...también...recibió la vacuna...polio...
> comezón...por todo el cuerpo...102 grados...siente que le pica...mamá...está
> preocupada...ella llama...el médico... tranquiliza...síntomas...varicela...una enfer-
> medad común de la infancia...para la que...no hay...inmunización...quiere
> ver...consultorio...mamá se queda...pero

B. Llene los espacios en blanco con las partes del cuerpo y diga qué enfermedades
son posibles en cada parte del cuerpo.

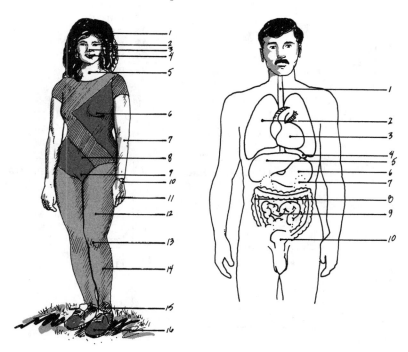

Una mujer y un hombre

RESPUESTAS A LAS ACTIVIDADES DEL CAPITULO

Introducción

A. Aprendiendo a conocer al paciente.

¿Cómo se llama? ... ¿Dónde vive Ud.? ... ¿Está casada? ... ¿De dónde viene? ... ¿Cuántos años tiene? ... ¿Cómo va a pagar por la consulta?

Anatomía

B. Crucigrama.

HORIZONTAL

1 nariz
2 ingle
3 cerebro
4 pene
5 tripas
6 axila
7 uñas
8 mano
9 corazón
10 cintura
11 salud
12 sano
22 dedos

DIAGONAL

13 orejas
14 sangre

VERTICAL

15 pierna
16 intestino
17 párpados
18 seno
19 tobillo
20 nuca
21 muñeca

C. 1. e   2. a   3. b   4. b   5. c   6. b   7. b   8. b   9. d   10. f   11. f
12. e   13. f   14. d   15. f

D.

EL SISTEMA RESPIRATORIO
la boca
la nariz
la laringe
los bronquios
el diafragma
los pulmones

EL SISTEMA CIRCULATORIO
el corazón
las arterias
las venas
la aorta

Síntomas

A. Adivinanzas.

1. problema cardiovascular
2. las úlceras
3. el embarazo
4. el catarro común o resfrío
5. la rabia

Las enfermedades

A.

1. el enfisema
2. la quemadura
3. el cáncer
4. el síncope cardíaco
5. la colitis

6. la conjuntivitis
7. la deshidratación
8. la diabetes
9. el SIDA
10. la hepatitis

2

Las técnicas
de entrevista

INTRODUCCION

Abriendo la entrevista

En un consultorio latino.

DR. SAPIN—Buenas tardes, señor. Yo soy el doctor Sapin. Sólo hablo un poco de español. ¿Cómo se siente hoy?

SR. GARCÍA—No muy bien doctor. Me duele el estómago.

DR. SAPIN—¿Dónde le duele, señor?

SR. GARCÍA—Me duele aquí, aquí mismo.

DR. SAPIN—¿Cómo es el dolor?

SR. GARCÍA—Es un dolor punzante y muy agudo.

DR. SAPIN—¿Cuándo le duele mucho?

SR. GARCÍA—Es constante, doctor.

Vocabulario

FRASES UTILES

¿Cómo se siente hoy? *How do you feel today?*

¿Cómo se llama Ud.? *What's your name?*

Estoy aprendiendo español. *I'm learning Spanish.*

¿En qué le puedo ayudar hoy? *How can I help you today?*

¿Dónde le duele? *Where does it hurt?*

Preguntas de comprensión

1. ¿Dónde le duele al señor García?
2. ¿Cómo describe el señor García el dolor?
3. ¿Cómo se llama el doctor?
4. ¿Habla el doctor mejor el inglés o el español?
5. ¿Cuándo le duele el estómago al señor García?

Starting the interview. *During a consultation with a Latino patient.* DR. SAPIN—Good afternoon, sir. I am Dr. Sapin. I only know a little Spanish. How are you feeling today? MR. GARCIA—Not very well, Doctor. My stomach hurts. DR. SAPIN—Where does it hurt, sir? MR. GARCIA—It hurts here, right here. DR. SAPIN—What is the pain like? MR. GARCIA—It's a throbbing pain and very sharp. DR. SAPIN—When does it hurt a lot? MR. GARCIA—It's constant, Doctor.

Actividades

A. ¿Cómo es el dolor?

Los dolores

agudo *sharp*	**fuerte** *strong*
constante; cansado *constant*	**lerdo; sordo** *dull*
de hormigueo *tingling*	**punzante** *throbbing*
de piquete *stabbing*	**quemante** *burning*
doloroso *aching*	**suave** *soft*

B. ¿Dónde le duele? Responda a las preguntas siguientes según el modelo.

> **¿Dónde le duele a Ud.?** (la cabeza)   *Me duele la cabeza.*
> **¿Dónde le duele a su hermano?** (el oído)   *Le duele el oído.*

1. ¿Dónde le duele a su niña? (la garganta)
2. ¿Dónde le duele a su mamá? (la espalda)
3. ¿Dónde le duele a su esposo? (el pecho)
4. ¿Dónde le duele a Ud.? (los pies)
5. ¿Dónde le duele al señor García? (el corazón)

C. ¿Cuándo le duele? Practique la frase modelo cambiando los factores que precipitan los dolores listados.

> **Me duele cuando. . .** (caminar)   *Me duele cuando camino.*
> **Le duele cuando. . .** (correr)   *Le duele cuando corre.*

1. Le duele cuando (orinar)
2. Me duele cuando (levantar peso)
3. Le duele cuando (comer)
4. Me duele cuando (subir las escaleras)
5. Le duele cuando (doblar la cabeza hacia atrás)

D. Explorando con el paciente. Continúe la entrevista haciendo las preguntas en español que faltan en el diálogo siguiente.

DOCTORA—_____   *Good morning, madam.*

PACIENTE—Buenos días, doctora.   *Good morning, Doctor.*

DOCTORA—_____   *What is your problem today?*

PACIENTE—Tengo sangre en el excremento. Estoy muy cansada y tengo un dolor quemante en mi estómago.   *I have blood in my stool. I am very tired and I have a burning pain in my stomach.*

DOCTORA—¿Cuánto tiempo ha tenido estos síntomas?   *How long have you had these symptoms?*

PACIENTE—Por dos semanas.   *For two weeks.*

DOCTORA—_____   *What's the pain like?*

PACIENTE—Es un dolor quemante, doloroso en la parte superior del abdomen y a veces irradia hasta la espalda.   *It's a burning, aching pain in the upper part of the abdomen, sometimes radiating to the back.*

DOCTORA—_____   *What other symptoms do you have?*

PACIENTE—Dolores que vienen antes de las comidas, eruptos y náuseas.   *Pains that come (on) before meals, belching and nausea.*

DOCTORA—Así que _____   *So, you are nauseated? (So, you do have nausea?)*

PACIENTE—Sí, doctora.   *Yes, Doctor.*

DOCTORA—_____   *Do you vomit?*

PACIENTE—Sí, doctora, vomité sangre anoche.   *Yes, Doctor, I vomited blood last night.*

DOCTORA—_____   *Do you have a fever?*

PACIENTE—Creo que sí.   *I think so.*

DOCTORA—_____   *OK, we are going to examine you.*
PACIENTE—Está bien, doctora.   *All right, Doctor.*
DOCTORA—Por favor, acuéstese.   *Please lie down.*

EN EL CONSULTORIO DE MEDICINA DE LA FAMILIA

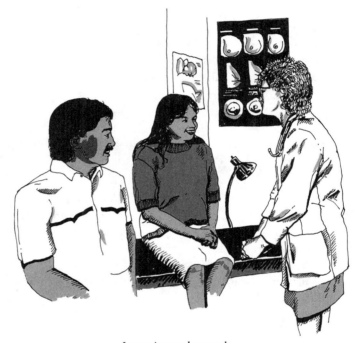

La mujer embarazada

Tres pacientes la doctor Chávez

El doctor Chávez entrevista a tres pacientes en el consultorio de Medicina de la Familia. La primera paciente es una mujer embarazada.

DR. CHÁVEZ—Buenos días, señora. ¿Cómo está Ud. hoy?
 SRA. ORTIZ—No me siento muy bien, doctor.
DR. CHÁVEZ—¿Qué problemas tiene?
 SRA. ORTIZ—No tengo la regla desde enero. Ya van dos meses.[1]

---

[1] **ya van dos meses** *two months have passed* (idiomatic expression to indicate passage of time).

DR. CHÁVEZ—¿Cree Ud. que está embarazada o son irregulares sus reglas?

SRA. ORTIZ—Son irregulares, doctor.

DR. CHÁVEZ—Bueno, vamos a ver. ¿Tiene mareos por la mañana?

SRA. ORTIZ—Sí, doctor, y también vomito. Otra cosa es que he notado más grandes mis senos.

DR. CHÁVEZ—¿Orina con frecuencia?

SRA. ORTIZ—Sí, muchas veces durante el día y también por la noche voy mucho al baño.

DR. CHÁVEZ—¿Se cansa con facilidad?

SRA. ORTIZ—Sí, siempre estoy cansada y también tengo sueño.

DR. CHÁVEZ—Bueno. Ud. parece tener los síntomas de estar embarazada. Voy a ordenar una prueba de orina y otra de sangre, para estar seguro.

SRA. ORTIZ—¡Qué alegría! Mi esposo y yo queremos un bebé.

El segundo paciente tiene problemas de la presión. El doctor Chávez conversa con el señor Ramírez.

DR. CHÁVEZ—¿En qué le puedo ayudar hoy?

SR. RAMÍREZ—Tengo mucho dolor de cabeza y también me mareo mucho.

DR. CHÁVEZ—¿Cuándo empezó el dolor de cabeza?

SR. RAMÍREZ—Hace una semana°, doctor.   *a week ago*

DR. CHÁVEZ—Y ¿dónde le duele exactamente? Muéstreme, por favor.

SR. RAMÍREZ—Aquí en la parte de atrás, en la nuca°, doctor.   *nape*

DR. CHÁVEZ—¿Tiene hinchazón de los tobillos?

SR. RAMÍREZ—Sí, se me hinchan por las noches.

DR. CHÁVEZ—¿Le ha sangrado la nariz?

SR. RAMÍREZ—Sí, anoche me sangró.

DR. CHÁVEZ—¿Come sal con las comidas?

SR. RAMÍREZ—Sí, y también tomo un poquito de vino.

DR. CHÁVEZ—Bueno, veo aquí en la hoja clínica que su presión arterial es alta. Voy a darle una receta para despachar° hoy mismo.   *to send for*

Three patients of Dr. Chávez. *Dr. Chávez interviews three patients in his family practice. The first patient is a pregnant woman.* DR. CHAVEZ—Good morning, ma'am. How are you today? MRS. ORTIZ—I don't feel very well, Doctor. DR. CHAVEZ—What are your problems? MRS. ORTIZ—I haven't had my period since January. It's been two months already. DR. CHAVEZ—Do you think you are pregnant or are your periods usually irregular? MRS. ORTIZ—They are irregular, Doctor. DR. CHAVEZ—Well, let's see. Do you have dizzy spells in the morning? MRS. ORTIZ—Yes, Doctor, and I have also been vomiting. Something else I have noticed is that my breasts are larger. DR. CHAVEZ—Do you urinate frequently? MRS. ORTIZ—Yes, many times a day and I also go to the bathroom a lot at night. DR. CHAVEZ—Do you get tired easily? MRS. ORTIZ—Yes, I'm always tired and I'm also sleepy. DR. CHAVEZ—Well, you seem to be exhibiting all the signs of pregnancy. I'm going to order a urine test and a blood test to make sure. MRS. ORTIZ—Oh, I'm so happy! My husband and I want a baby.

SR. RAMÍREZ—Gracias, doctor. Hasta la vista.

DR. CHÁVEZ—Hasta la vista, señor Ramírez.

El tercer paciente es Juanito, un niño de un año que tiene otitis media. La madre habla con el doctor.

Juanito tiene otitis media.

SRA. GONZÁLEZ—Buenos días, doctor Chávez.

DR. CHÁVEZ—Buenos días, señora. ¿Como está Juanito hoy?

SRA. GONZÁLEZ—Oh, está muy enfermito. Yo creo que tiene una infección en los oídos, porque se los frota mucho°.

DR. CHÁVEZ—Dígame, tiene fiebre el niño?

SRA. GONZÁLEZ—Sí, ha tenido fiebre por tres días, pero no sé cuántos grados.

DR. CHÁVEZ—¿Ha tomado alguna medicina?

SRA. GONZÁLEZ—Sí, ha tomado Tilenol cuatro veces al día.

DR. CHÁVEZ—¿Ha tenido tos con la calentura?

SRA. GONZÁLEZ—Sí, doctor, y también escurrimiento de la nariz.

he rubs them (his ears) a lot

The second patient has high blood pressure. Dr. Chávez talks with Mr. Ramírez. DR. CHAVEZ—How can I help you today? MR. RAMIREZ—I have a severe headache and I also feel dizzy often. DR. CHAVEZ—When did the headaches start? MR. RAMIREZ—A week ago, Doctor. DR. CHAVEZ—And where does it hurt exactly? Please show me. MR. RAMIREZ—Here in the back, in the nape, Doctor. DR. CHAVEZ—Do you have swollen ankles? MR. RAMIREZ—Yes, they swell up at night. DR. CHAVEZ—Do you have nosebleeds? MR. RAMIREZ—Yes, I had one last night. DR. CHAVEZ—Do you eat salt with your meals? MR. RAMIREZ—Yes, and I also drink a little wine. DR. CHAVEZ—Well, I see here on your chart that your blood pressure is high. I'm going to give you a prescription to have filled today. MR. RAMIREZ—Thanks, Doctor. See you later. DR. CHAVEZ—See you later, Mr. Ramírez.

DR. CHAVEZ—Está bien. Ahora voy a examinarlo. El parece tener una infección de los oídos. Hay pus y sangre en el oído izquierdo. Debemos darle antibiótico en seguida y también un descongestante para la nariz.

Vocabulario

SUSTANTIVOS

el **dolor de cabeza**   *headache*
la **hinchazón**   *swelling*
el **mareo**   *dizzy spell*
la **nuca**   *nape of the neck*
la **prueba de orina**   *urine test*
la **receta**   *prescription*
la **regla**   *period*
la **sal**   *salt*
el **seno**   *breast*
la **tos**   *cough*

VERBOS

cansarse   *to become tired*
creer   *to believe*
empezar   *to begin*
estar embarazada   *to be pregnant*
frotarse   *to rub*
marearse   *to become dizzy*
mostrar   *to show*
  ¡muéstreme!   *show me!*
parecer   *to seem or appear*
sangrar   *to bleed*
tomar   *to take*

FRASES UTILES

en seguida   *right away*
escurrimiento de la nariz   *runny nose*
hasta la vista   *see you later*
hoy mismo   *today* (emphatic)
muchas veces   *many times*
otra cosa   *another thing*
vamos a   *we're going to*

wheeze

Preguntas de comprensión

1.   ¿Qué problemas tiene la primera paciente?
2.   ¿Cuáles son sus síntomas?

The third patient is Juanito, a one-year-old boy who has otitis media. The mother speaks with the doctor.
MRS. GONZALEZ—Good morning, Dr. Chávez. DR. CHAVEZ—Good morning, ma'am. How is Juanito today? MRS. GONZALEZ—Oh, he is quite ill. I think he has an ear infection because he rubs them a lot. DR. CHAVEZ—Tell me, does the child have a fever? MRS. GONZALEZ—Yes, he's had a fever for three days, but I don't know how high (how many degrees). DR. CHAVEZ—Has he taken any medication? MRS. GONZALEZ—Yes, he has taken Tylenol four times a day. DR. CHAVEZ—Has he had a cough with the fever? MRS. GONZALEZ—Yes, Doctor, and also a runny nose. DR. CHAVEZ—OK, I'm going to examine him now. He seems to have an ear infection. There's pus and blood in the left ear. We'll have to give him an antibiotic immediately and also a decongestant for his nose.

3. ¿Qué pruebas ordena el doctor para ella?
4. ¿Cuál es el segundo caso?
5. ¿Cuáles son los síntomas de la presión alta?
6. ¿Por qué es peligrosa la presión alta?
7. ¿Qué le recomienda el doctor al Sr. Ramírez?
8. ¿Por qué viene Juanito a la clínica hoy?
9. ¿Qué hacen los niños cuando les duelen los oídos?
10. ¿Qué otros síntomas sugieren que tiene una infección grave en los oídos?
11. ¿Qué medicamentos le receta el doctor?
12. ¿Qué tipos de pacientes atiende el doctor Chávez en su clínica de Medicina de la Familia?

Actividad

Educando al paciente. Elija una actividad según su nivel de español y su interés.

1. Explique a una mujer joven todos los síntomas del embarazo normal° y luego explique los síntomas de aborto espontáneo°. *normal pregnancy; miscarriage*
2. Haga una presentación con ilustraciones sobre la presión arterial alta° y los posibles problemas de salud relacionados con ella. Diga por qué se le llama° «The Silent Killer» en inglés. *high blood pressure / it is called*
3. Dé una charla° a un grupo de madres sobre la importancia de la fiebre y de los dolores de oídos° en los niños chiquitos. *talk / earaches*

INTRODUCCION A LAS SESIONES CLINICAS

Las sesiones clínicas

Las sesiones clínicas son clases de español en un contexto médico. Los estudiantes visitan, una vez por semana, a un doctor o doctora que habla español. Este doctor actúa como preceptor porque enseña a los estudiantes de medicina, simplemente hablando en español con sus pacientes latinos. Los preceptores son cuidadosamente seleccionados por la profesora del curso de español para que sean° buenos modelos° de aprendizaje. Ellos hablan muy bien español y son bi-culturales para que puedan° explicar no sólo la lengua° sino los aspectos culturales de la enfermedad. *for them to be; role models / so that they may be able / language*

Si es posible en su ciudad°, trate de organizar sesiones clínicas para Ud. Descubrirá° que la inmersión total en la lengua es *city / you will find* una gran oportunidad de aprender el español muy rápidamente. Además°, el hecho de° que el doctor hace una entrevista médica a sus pacientes latinos, ayuda en el proceso de comprensión auditiva° de la lengua.

in addition to that, moreover; the fact that
listening comprehension

Ud., como estudiante de medicina o profesional de la salud, entenderá una gran cantidad del español que se habla en la sesión clínica, simplemente por el contexto médico. Gradualmente, la comprensión irá aumentando a medida que° escuche a más pacientes y a sus médicos en conversación. Al principio°, sólo se requiere que el estudiante de español escuche, pero después de tres o cuatro semanas, debe iniciarse una fase más activa en que también el estudiante se convierte en participante. Para ese propósito° se han elaborado° las frases y preguntas de protocolo típicas de entrevistas médicas en español. Como habrán° muchas palabras o ideas que Ud. no entenderá, se le recomienda que haga anotaciones. Los pacientes latinos tienen la tendencia a hablar con muchos modismos° o expresiones idiomáticas cuando se sienten enfermos, porque a veces° resulta difícil describir el dolor y puede hacerse más gráfico con un coloquialismo. En esos casos conviene° hacer preguntas a su preceptor al final de la entrevista para aclarar sus dudas y observaciones. Si no es posible hablar con el preceptor debido a escasez° de tiempo, traiga° las preguntas a la clase para que su profesor/a le ayude con la comprensión.

will increase as. . .
at the beginning

purpose
have been written
since there will be

slang

sometimes
it is good

shortage; bring

La siguiente es una guía de modelo para hacer anotaciones durante la sesión clínica.

GUIA PARA TOMAR NOTAS EN LAS SESIONES CLINICAS

VOCABULARIO	ASPECTOS CULTURALES	ASPECTOS MEDICOS
bascas, vómitos *vomit*	**conducta** la familia va a la botica en vez de ir al doctor	enfermedad vascular
un dolor cansado *constant pain*	**actitud** respeto al doctor y a la autoridad entre gente de campo	diabetes; claudicación intermitente
el pie está dormido *the foot is numb (asleep)*	**valores** la abuelita es muy importante porque representa vejez, experiencia	

Preguntas de comprensión

1. ¿Qué son las sesiones clínicas?
2. ¿Qué es un preceptor?
3. ¿Por qué sirven de modelos?
4. ¿Por qué se aprende español más rápido en las sesiones clínicas?
5. ¿Qué facilita la comprensión auditiva?
6. ¿Qué deben hacer los estudiantes por tres o cuatro semanas?
7. ¿Para qué se han elaborado las frases y preguntas del protocolo?
8. ¿Cómo debe el estudiante hacer anotaciones?
9. ¿Por qué hablan los pacientes latinos con muchos modismos?
10. ¿Qué debe hacer el estudiante al final de su sesión clínica?

Una paciente típica

Actividades

A. El lenguaje del paciente. Con la ayuda de las palabras en inglés y de los glosarios anatómicos, de síntomas y de partes del cuerpo al final del libro, trate de identificar los términos del español estandard. (Las respuestas están al final del capítulo.)

ESPAÑOL COLOQUIAL	ESPAÑOL ESTANDARD	INGLES
rasquera, _____	_____	*itching*
falta de aire, _____	_____	*shortness of breath*
bolitas, _____	_____	*masses, lumps*
soltura, _____	_____	*diarrhea*
atarantas, _____	_____	*dizziness*
cachete, _____	_____	*cheek*
tirisia, _____	_____	*jaundice*
piedras, _____	_____	*stones*
anginas, _____	_____	*tonsils*
desecho, _____	_____	*nasal discharge*

PROTOCOLOS DE LAS SESIONES CLINICAS

Estudie las frases y esté preparado a usarlas cuando vaya a las sesiones clínicas con sus preceptores latinos.

SALUDOS Y PRESENTACIONES

1. Buenos días; buenas tardes.
2. Yo soy el doctor (la doctora) _____ .
3. Sólo hablo un poco de español.
4. Mucho gusto de conocerlo (la).
5. ¿Cómo se siente hoy?
6. ¿Cómo se llama Ud.?
7. ¿Dónde vive Ud.?

GREETINGS AND INTRODUCTIONS

1. *Good morning; good afternoon.*
2. *I am Dr.* _____ .
3. *I only speak a little Spanish.*
4. *It is a pleasure to meet you.*
5. *How do you feel today?*
6. *What is your name?*
7. *Where do you live?*

QUEJA PRINCIPAL

1. ¿En qué le puedo ayudar hoy?
2. ¿Dónde le duele?

CHIEF COMPLAINT

1. *What can I do for you today?*
2. *Where does it hurt?*

QUEJA PRINCIPAL	**CHIEF COMPLAINT**
3. ¿Cuáles son sus síntomas?	*What are your symptoms?*
4. ¿Cuánto tiempo ha tenido estos síntomas?	*How long have you had these symptoms?*
5. ¿Cómo es el dolor?	*What's the pain like?*
6. ¿Tiene Ud. náuseas?	*Are you nauseated?*
7. ¿Vomita Ud.?	*Do you vomit?*
8. ¿Tiene Ud. fiebre?	*Do you have a fever?*
9. ¿Sufre Ud. de indigestión?	*Do you suffer from indigestion?*
10. ¿Tiene Ud. diarrea?	*Do you have diarrhea?*
11. ¿Se marea Ud.?	*Do you feel dizzy?*
12. ¿Ha sido tratado(-a) por estos síntomas?	*Have you been treated for these symptoms?*
13. ¿Por quién?	*By whom?*
14. ¿Por cuánto tiempo?	*For how long?*

HISTORIA DE LA ENFERMEDAD ACTUAL	**HISTORY OF THE PRESENT ILLNESS**
1. ¿Qué síntomas tiene?	*What are your symptoms?*
2. ¿Desde cuándo tiene este problema?	*How long have you had this problem?*
3. ¿Qué medicinas toma para este malestar?	*What medicines are you taking for this complaint?*
4. ¿Cuánto hace que toma estas medicinas?	*How long have you been taking these medications?*
5. ¿Ha tenido fiebre recientemente?	*Have you had fever recently?*
6. Por lo general, ¿duerme Ud. bien?	*In general, do you sleep well?*
7. ¿Hay alguien en su familia con el mismo problema de salud?	*Does anybody in your family have the same health problem?*

SINTOMAS DE ENFERMEDADES COMUNES	**SYMPTOMS OF COMMON ILLNESSES**
1. ¿Tiene vómitos?	*Do you vomit?*
2. ¿Se cansa con facilidad?	*Do you tire easily?*
3. ¿Tiene calenturas?	*Do you have a fever?*
4. ¿Se resfría con frecuencia?	*Do you catch colds frequently?*
5. ¿Tiene escalofríos?	*Do you have chills?*
6. ¿Sufre de dolores de cabeza?	*Do you suffer from headaches?*
7. ¿Pierde a veces la respiración?	*Do you sometimes get short of breath?*
8. ¿Tose mucho?	*Do you cough a lot?*

Exploración con el paciente

HISTORIA MEDICA DEL PASADO	**PAST MEDICAL HISTORY**

1. Buenos días, señorita; señor. — *Good morning, miss; sir.*
2. Mucho gusto de verlo otra vez. — *Nice to see you again.*
3. ¿Qué lo trae hoy al consultorio? — *What brings you to my office today?*
4. ¿Dígame, cuáles son sus quejas? — *Tell me, what are your complaints?*
5. ¿Ha tenido este problema anteriormente? — *Have you ever had this problem before?*
6. ¿Ha tenido un examen médico completo? — *Have you ever had a complete physical examination?*
7. ¿Qué enfermedades han habido en su familia en el pasado? — *What illnesses have there been in your family in the past?*
8. ¿Ha tenido. . . — *Have you ever had. . .*
   - cólico? — *colic?*
   - apendicitis? — *appendicitis?*
   - laringitis? — *laryngitis?*
   - bronquitis? — *bronchitis?*
   - fiebre escarlatina? — *scarlet fever?*
   - fiebre reumática? — *rheumatic fever?*
   - fiebre del heno? — *hay fever?*
   - amigdalitis? — *tonsilitis?*
   - presión alta? — *hypertension?*
   - cáncer? — *cancer?*

HISTORIA DE LA FAMILIA — **FAMILY HISTORY**

1. ¿Están vivos sus padres? — *Are your parents alive?*
2. ¿Cómo es la salud de su madre? — *How is your mother's health?*
3. ¿Cómo es la salud de su padre? — *How is your father's health?*
4. ¿Está casado(-a)? — *Are you married?*
5. ¿Tiene hijos? — *Do you have children?*
6. ¿Qué enfermedades han tenido sus hijos? — *What illnesses have your children had?*

HISTORIA SOCIAL — **SOCIAL HISTORY**

1. ¿Ha tenido alguna enfermedad venérea? — *Have you ever had any venereal disease?*
2. ¿Ha tenido problemas nerviosos o emocionales? — *Have you ever had nervous or emotional problems?*
3. ¿Fuma Ud. o bebe alcohol? — *Do you smoke or drink alcohol?*
4. Si es así, ¿cuánto? — *If so, how much?*

Repaso por sistemas

La doctora revisa los pulmones.

SISTEMA RESPIRATORIO	RESPIRATORY SYSTEM

1. Buenas tardes, señor/a. ¿Cómo está hoy?

   Good afternoon, sir/madam. How are you today?

2. ¿Qué tiene Ud. ahora?

   What is troubling you now?

3. ¿Tiene dificultad al respirar?

   Do you have difficulty breathing?

4. ¿Tiene tos?

   Do you have a cough?

5. ¿Cuánto tiempo la tiene?

   How long have you had it?

6. ¿Le duele al toser?

   Does it hurt you to cough?

7. ¿Ha tenido pulmonía, pleuresía, u otra infección del pulmón?

   Have you ever had pneumonia, pleurisy, or any lung infection?

8. ¿Cuándo fue su última radiografía del tórax?

   When was your last chest X-ray?

9. ¿Le han diagnosticado asma, enfisema?

   Have you ever been diagnosed as having asthma, emphysema?

10. ¿Tiene falta de aliento durante el día?

    Do you have shortness of breath during the day?

11. ¿Se despierta de noche sin aliento?

    Do you wake up at night short of breath?

SISTEMA GASTRO-INTESTINAL	GASTROINTESTINAL SYSTEM

1. ¿Le duele el estómago?

   Do you have a stomachache?

2. ¿Evacúa el vientre regularmente?

   Do you have regular bowel movements?

3. ¿Sufre de náuseas o vómitos?

   Are you nauseated or do you vomit?

4. ¿Ha notado sangre en el excremento?

Have you ever noticed blood in your stool?

5. ¿Ha sufrido, alguna vez, de. . .

Have you ever (at some time) suffered from. . .

    úlcera?
    infección del hígado?
    infección de la vesícula?
    cálculos?
    colitis?
    hemorroides?

    ulcers?
    liver infection?
    gallbladder infection?
    stones (gallbladder, kidney)?
    colitis?
    hemorrhoids?

6. ¿Cuánto pesa actualmente?

What is your current weight?

7. ¿Ha habido cambios en su dieta?

Have you made any changes in your diet?

SISTEMA CARDIOVASCULAR

CARDIOVASCULAR SYSTEM

1. ¿Cómo está Ud. hoy?

How are you today?

2. ¿Sabe Ud. si ha tenido alguna vez enfermedad del corazón?

Do you know if you have ever had heart trouble?

3. ¿Ha tenido palpitación, soplo, ataque al corazón?

Have you ever had palpitations, heart murmur, or a heart attack?

4. ¿Cuál es la condición o enfermedad ahora?

How are you doing now? (What is your condition or illness now?)

5. ¿Le duele el pecho alguna vez? o en el brazo izquierdo?

Do you ever have pain in your chest or in your left arm?

6. ¿Tiene dolor sobre el corazón?

Do you have pain over your heart?

7. ¿Puede Ud. describir el dolor?

Can you describe the pain?

8. ¿Tiene la presión alta o baja?

Do you have high or low blood pressure?

9. ¿Tiene Ud. mareos o vértigos?

Do you have dizziness or vertigo?

10. ¿Ha perdido Ud. el conocimiento alguna vez?

Have you ever lost consciousness?

11. Enséñeme dónde le duele.

Show me where it hurts.

SISTEMA GENITO-URINARIO

GENITOURINARY SYSTEM

1. ¿Orina sin dificultad?

Do you urinate without difficulty?

2. ¿Tiene que levantarse por las noches para orinar?

Do you have to get up at night to urinate?

3. ¿Cuántas veces?

How many times?

4. ¿Ha tenido. . .

Have you ever had. . .

    piedras en la orina?
    infección de la vejiga?
    enfermedad del riñón?
    problemas con la próstata?

    stones in your urine?
    bladder infection?
    kidney disease?
    problems with your prostate?

SISTEMA GENITO-URINARIO

5. ¿Tiene fiebre o escalofríos?
6. ¿Tiene dificultad al empezar o terminar de orinar?
7. ¿Ha notado cambios en la orina?
8. ¿Se le ha hecho cirugía en los riñones, vejiga, u otro órgano?

9. ¿Siente ardor cuando orina?

GENITOURINARY SYSTEM

Do you have fever or chills?
Do you have difficulty starting or finishing your stream?
Have you noticed changes in the urine?
Have you ever had surgery done on your kidneys, bladder, or any other organ?

Do you feel any burning sensation when you urinate?

SISTEMA NEUROLOGICO

1. ¿Cómo se llama, señor/a?
2. ¿Cuál es su problema?

3. Voy a tratar de ayudarle.
4. ¿Siente Ud. algún dolor en alguna parte del cuerpo?
5. ¿Tiene Ud. alguna sensación poco común?
6. ¿Tiene Ud. alguna sensación de hormigueo?
7. ¿Tiene Ud. un dolor como agujas?

8. ¿Tiene Ud. entumecimiento?
9. ¿Hay alguna otra cosa que desea decirme?
10. ¿Se ha desmayado alguna vez?
11. ¿Ha perdido alguna vez la sensación en los brazos o piernas?
12. ¿Ha sufrido de dolores de cabeza con frecuencia?
13. ¿Ha tenido. . .
    convulsiones?
    ataque cerebral?
    colapso nervioso?
    depresión?
14. ¿Tiene dificultad para coordinar movimientos?
15. ¿Tiene dificultad para hablar?

NEUROLOGICAL SYSTEM

What's your name, sir/madam?
What's your problem? (What is wrong with you?)
I am going to try to help you.
Do you feel any pain in any part of your body?
Do you have any unusual sensation?

Do you have a tingling sensation?

Do you have a feeling of pins and needles?
Do you have numbness?
Is there anything else that you want to tell me?
Have you ever fainted?
Have you ever lost feeling in your arms or legs?
Have you ever suffered from frequent headaches?
Have you ever had. . .
    convulsions?
    stroke?
    nervous breakdown?
    depression?
Do you have difficulty coordinating movements?
Do you have difficulty speaking?

SISTEMA MUSCULO-ESQUELETICO

1. ¿Tiene algún problema con las articulaciones?
2. ¿Ha tenido debilidad en una de las extremidades?
3. ¿Ha sufrido de fracturas, ligamentos rotos, o torceduras?
4. Dígame si se le hinchan o entumecen los pies o manos.
5. ¿Puede doblar las rodillas?
6. ¿Le duelen los músculos de la espalda?
7. ¿Padece de artritis o reumatismo?

MUSCULO-SKELETAL SYSTEM

Do you have any problem with your joints?

Have you ever had weakness in any of your extremities?

Have you ever had fractures, torn ligaments, or sprains?

Tell me if your feet swell or if your feet or hands go numb.

Can you bend your knees?

Do your back muscles hurt?

Do you suffer from arthritis or rheumatism?

HISTORIA OBSTETRICA Y GINECOLOGICA

1. ¿A qué edad empezaron sus períodos o regla?
2. ¿Son regulares o irregulares sus períodos?
3. ¿Cada cuánto tiene sus períodos?
4. ¿Cuántos días le dura su período géneralmente?
5. ¿Con qué frecuencia cambia las toallas higiénicas en un día?
6. ¿Cuándo empezó su último período?
7. ¿Tiene dificultad o dolor con sus períodos?
8. ¿Padece de flujo de sangre entre períodos?
9. ¿Cuántos embarazos ha tenido?
10. ¿Ha tenido algún embarazo anormal, fuera de la matriz, o en las trompas de Falopio?
11. ¿Ha tenido niños nacidos muertos? ¿Cuántos?
12. ¿Ha tenido abortos naturales? ¿Cuántos?
13. ¿Le han hecho un raspado?
14. ¿Usa Ud. algún método contra la concepción?

OBSTETRIC AND GYNECOLOGICAL HISTORY

At what age did your periods start?

Are your periods regular or irregular?

How often do you have your periods?

How many days does your period generally last?

How often do you change your pads in a day?

When did your last period start?

Do you have difficulty or pain with your periods?

Do you have spotting between your periods?

How many pregnancies have you had?

Have you had any abnormal pregnancies, outside of the uterus, or in the Fallopian tubes?

Have you had any stillbirths? How many?

Have you had miscarriages? How many?

Have you had a D and C?

Do you use any contraceptives?

HISTORIA OBSTETRICA Y GINECOLOGICA	OBSTETRIC AND GYNECOLOGICAL HISTORY
15. ¿Ha tenido tumores, quistes o fibromas?	*Have you had any tumors, cysts, or fibroids?*
16. ¿Le han hecho una histerectomía?	*Have you had a hysterectomy?*
17. ¿Está tomando hormonas?	*Are you taking hormones?*
18. Si ha tenido cambio de vida, ¿cuándo fue su última regla?	*If your menopause has begun, when was your last period?*
19. ¿Toma Ud. alguna medicina ahora?	*Are you taking any medication now?*
20. ¿Tiene bochornos?	*Do you have hot flashes?*

Actividades

A. Informe escrito. Haga un informe escrito sobre un paciente que ha observado en su sesión clínica.

---

a) Nombre del enfermo _____

Problema actual _____

¿Cuándo empezó el problema? _____

¿Tiene dolor? _____ ¿Cómo es? _____

signs   b) Descripción y señas°

Cabeza   Boca _____Oído _____Garganta _____

Abdomen   Estómago _____ Hígado _____

                Intestinos _____

Extremidades   Pies _____ Brazos _____

Otros síntomas: _____

_____

_____

_____

Comentarios _____

_____

_____

_____

B. Presentando a un/a paciente. Elija un caso entre los listados a continuación y repórtelo a sus compañeros para hacer un estudio colectivo. El grupo responderá haciéndole cuatro o cinco preguntas a cada estudiante que reporta.

1. **Vesícula biliar°.** El paciente ha tenido una operación de la vesícula hace nueve días. También en el pasado, él sufrió de un ataque al corazón. Dice que siente el pecho apretado a veces. Su dieta no es buena.
   gall bladder

   el **aceite** (*oil*),   **la dieta grasosa** (*diet rich in fat*)

2. **Hernia, riñones, entumecimiento.** Este paciente es un hombre simpático que tiene muchos problemas de salud. Tiene ahora una hernia y en el pasado ha tenido infecciones de los riñones y dolores en el disco vertebral. Ya ha perdido el sentido en la pierna derecha. Aunque este hombre tiene más de sesenta años y está muy enfermo, él parece contento con su vida.

   los **cálculos** (*stones*),   la **espalda baja** (*lower back*)

3. **Bronquitis.** Esta paciente es una trabajadora en el campo. Ella se queja de un dolor en el pecho. Hace tres meses que tiene el mismo dolor. Nosotros le preguntamos sí fumaba° y ella dijo que dejó de fumar hace dos meses. El doctor escuchó el pecho y tomó una radiografía. El dijo que la paciente tiene bronquitis.
   smoked

   dificultad para respirar (*difficulty breathing*), la **radiografía** (*X-ray*)

4. **Embolia.** La paciente es una señora cubana de cincuenta y nueve años. Viene a la clínica porque hace dos días se cayó en su casa y perdió el conocimiento. Cuando volvió en sí tenía el pulso fuerte pero lento, le costaba mucho trabajo respirar y no podía hablar. Le quedó entumecido todo el lado izquierdo del cuerpo.

   lento (*slow*),   **perder el conocimiento** (*to faint, to lose consciousness*),   **volver en sí** (*to come to one's senses*)

5. **Septicemia.** Una niña recién nacida ha regresado al hospital con una infección a la sangre. La infección empezó en el ombligo y después se generalizó. Sufre de convulsiones.

   recién nacida (*newborn*),   el **ombligo** (*bellybutton*)

C. Guía para las sesiones clínicas. Discuta los siguientes puntos con un compañero de su sesión clínica.

1. ¿Qué pasó en su sesión clínica?
2. ¿Quién era el paciente (un hombre, una mujer, un niño, una niña)?
3. ¿Qué problema médico tenía?
4. ¿Qué palabras nuevas aprendió Ud.?
5. ¿Habló con el preceptor después de la sesión clínica?

Escribiendo un resumen de la visita

Lea el modelo de un resumen sobre una visita de Miguelito al consultorio.

Una mujer llevó a su hijo, Miguelito, al doctor, porque él había tenido una fiebre de tres días, con congestión nasal. La noche anterior le habían supurado los oídos con pus y sangre. Según la madre, la fiebre fue constante por tres días, aunque ella no sabía cuántos grados tuvo. Para controlar la calentura, ella le dió Tilenol cuatro veces por día. La última vez que le dió Tilenol eran las seis de la mañana. Con la calentura, él ha tenido una tos constante, sin flema, pero con escurrimiento de la nariz. Cuando él duerme, hace un ruido con la respiración.

Durante el examen físico, él parecía débil°, incómodo e *weak*
inquieto, con un llanto° débil. *cry*

Oídos: el oído izquierdo estaba lleno de pus y la membrana
del tímpano estaba colorada°. *red*

Nariz: congestionada.

Diagnóstico: otitis media, catarro, con congestión de los pulmones.

Actividades

A. Resumen. Escriba un resumen de su visita a la clínica del doctor/a latino,-a. Use el modelo anterior.

B. Trabajando de intérprete. Practique las frases de las sesiones clínicas, mirando la lista siguiente y actuando de intérprete. (Las respuestas están al final del capítulo.)

1. What can I do for you today?
2. Do you feel dizzy?
3. How long have you had this problem?

4. Do you have chills?
5. Do you sometimes get short of breath?
6. Have you ever had a complete physical exam?
7. Are your parents alive?
8. Have you ever had nervous or emotional problems?
9. Does it hurt you to cough?
10. Do you have regular bowel movements?
11. Have you ever suffered from kidney stones, liver infection?
12. What's your current weight?
13. Have you made any changes in your diet?
14. I'm going to try to help you.
15. Do you feel any pain in any part of your body?
16. Is there anything else you want to tell me?
17. Have you ever fainted?
18. Have you ever had a nervous breakdown, convulsions?
19. Do you have any problems with your joints?
20. Can you bend your knees?

C. Entrevistas personales. Usando las preguntas del protocolo de las sesiones clínicas, entreviste a los pacientes siguientes.

1. **Un paciente con problemas urinarios.** Formule preguntas para obtener la siguiente información: la fecha del inicio de la dolencia, ardor o dolor al orinar, frecuencia al orinar, historia clínica de los riñones y vejiga (infecciones, cálculos, operaciones), otros síntomas.

2. **Una paciente con peritonitis.** Construya preguntas para saber: descripción del dolor, diferencias con apendicitis, lugar donde se inicia el dolor e irradiación de éste, otros síntomas digestivos: falta de apetito, entreñimiento, vómitos, historia de enfermedades y operaciones anteriores.

3. **Un paciente con fiebre reumática.** Haga preguntas usando el esquema: edad del paciente, primeros síntomas, modo en que se presenta la fiebre, dolor al corazón, en las coyunturas u otros síntomas, movimientos involuntarios.

4. **Una paciente con tétano.** Haga preguntas para determinar: existencia de una herida, estado de los músculos en todo el cuerpo, señas del tétano (malestar, mandíbula y músculos tiesos, dificultad al tragar), convulsiones y dolor en la mandíbula.

5. **Un niño con pulmonía.** Prepare preguntas para averiguar: queja principal, síntomas de enfermedades anteriores a la pulmonía (gripa, bronquitis, tos ferina, etc.), inicio de la dolencia, síntomas de la pulmonía (fiebre, escalofríos, tos, flema, fatiga, dolor en el pecho), dificultad al respirar (ritmo respiratorio).

Cuestionario provisional

Use el siguiente cuestionario para entrevistar a pacientes que no saben o no pueden leer en forma rápida.

CUESTIONARIO PROVISIONAL   Nombre _____

PARA UNA HISTORIA MÉDICA   Edad _____ Fecha _____

Al Paciente: por favor trate de contestar todas las preguntas del cuestionario y si no entiende alguna de las preguntas, haga una marca (?) para preguntarle a su médico o profesional de salud. Marque sus respuestas con × si ha tenido el problema.

1. ¿Cuándo vino por última vez a esta oficina?
2. ¿Cuál era su queja principal entonces?
3. ¿Qué problema tiene ahora?
4. ¿Ha cambiado de peso en los últimos seis meses?
5. ¿Ha tenido fiebre últimamente?
6. ¿Cómo duerme Ud. por lo general?
7. Ha tenido alguna operación después de su última visita?
   a) ¿qué tipo de operación? _____
   b) ¿dónde fue operado? _____
8. ¿Ha sido hospitalizado después de su última visita?
   ¿Por qué? _____
   ¿Dónde? _____
9. ¿Ha estado enfermo gravemente en los últimos seis meses?
10. ¿Ha tenido cambios en. . .
    Estado civil? _____
    Trabajo? _____
    Vivienda? _____
    Hábitos - ejercicios? _____
    Fumar? _____ Beber? _____
11. ¿Ha muerto algún miembro de su familia o ha estado gravemente enfermo? _____
    _____

Sistema Neurológico

Pérdida del conocimiento _____

Dolores de cabeza _____

Parálisis _____

Movimientos involuntarios _____

Dificultad para coordinar _____

Dificultad para caminar _____

Dificultad para hablar _____

Visión doble _____

Entumecimiento _____

Depresión _____

Colapso nervioso _____

Nervios _____

Sistema Músculo-esquelético

Dolor en la espalda _____

Dolor en las articulaciones _____

Hinchazón en las articulaciones _____

Ojos, Oídos

Dolor en los ojos _____

Glaucoma _____

Ceguera _____

Sordera _____

Ruidos o zumbidos en los oídos _____

Sistema Intergúmeo

Reacción alérgica a alguna medicina

_____

Problemas de la piel _____

Moretones _____

Tendencia a sangrar _____

Anemia _____

EXAMEN SISTEMICO

<u>COMENTARIOS DEL MEDICO</u>

En el pasado reciente o en la actualidad
¿ha tenido Ud. . .

Sistema Respiratorio

Bronquitis? _____

Tos persistente? _____

Cambio en las características de la tos?

_____

Cambio en el esputo? _____

Sangre en el esputo? _____

Sistema Circulatorio

Enfermedad del corazón? _____

Presión alta? _____

Colesterol alto? _____

Sistema Digestivo

Cambio de apetito? _____

o de la digestión? _____

Dificultad al tragar? _____

Naúseas? _____

Vómitos? _____

Excrementos negros? _____

Problemas del hígado? _____

Diarrea? _____

Cambio en el obrar? _____

Sistema Urinario

Infecciones de la vejiga? _____

Infecciones de los riñones o de la orina?

_____

Sangre en la orina? _____

Piedras o cálculos en la orina? _____

Dificultad en las relaciones sexuales?

_____

RESPUESTAS A LAS ACTIVIDADES DEL CAPITULO

Abriendo la entrevista

A. El lenguaje de paciente.

1. comezón, picazón
2. falta de respiración
3. las masas
4. el excremento suelto
5. los mareos

6. la mejilla
7. la ictericia
8. los cálculos
9. las amígdalas
10. la mucosidad

Protocolos de las sesiones clínicas

B. Trabajando como intérprete.

1. ¿En qué puedo servirle?
2. ¿Se marea Ud.?
3. ¿Desde cuándo tiene este problema?
4. ¿Tiene escalofríos?
5. ¿Pierde la respiración a veces?
6. ¿Ha tenido un examen médico completo?
7. ¿Están vivos sus padres?
8. ¿Ha tenido problemas nerviosos o emocionales?
9. ¿Le duele al toser?
10. ¿Evacúa el vientre regularmente?
11. ¿Ha sufrido de infección a los riñones o de infección al hígado?
12. ¿Cuánto pesa actualmente?
13. ¿Ha habido cambios en su dieta?
14. Voy a tratar de ayudarle.
15. ¿Siente algún dolor en alguna parte de su cuerpo?
16. ¿Hay alguna otra cosa que desea decirme?
17. ¿Se ha desmayado alguna vez?
18. ¿Ha tenido un colapso mental o convulsiones?
19. ¿Tiene algunos problemas con las articulaciones?
20. ¿Puede doblar las rodillas?

Sistema Esquelético   Sistema Muscular

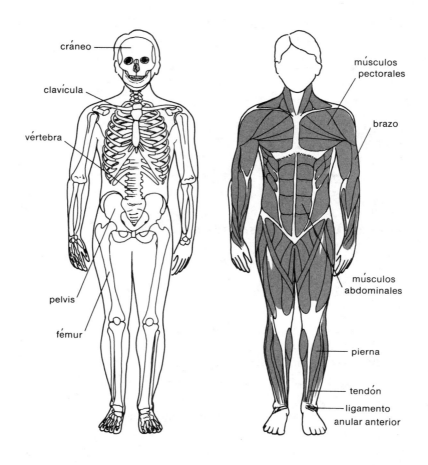

cráneo

clavícula

vértebra

pelvis

fémur

músculos
pectorales

brazo

músculos
abdominales

pierna

tendón

ligamento
anular anterior

3

La historia médica general

HACIENDO LA ENTREVISTA AL PACIENTE

La historia médica general

Dentro del proceso de indagación° medica, la recolección de los datos para la historia médica general es la etapa más importante. El profesional de la salud debe reunir toda la información disponible sobre la posible enfermedad para llegar a un diagnóstico después de un análisis cuidadoso°. Una vez hecho° el diagnóstico, el médico podrá recomendar un tratamiento adecuado cuyo cumplimiento llevará a la resolución del problema médico.

inquiry

careful; once done (made)

    La relación médico-paciente depende de muchos factores, pero uno importante es la comunicación establecida entre° estos dos individuos. Es esencial que el profesional de la salud sepa escuchar a su paciente y que comprenda los síntomas descritos según° el modo particular de concebir el problema de salud del paciente.

between

according to

    En la historia médica general es imprescindible° destacar° varios de sus componentes:

it is absolutely necessary; to emphasize

—**Los antecedentes personales** que incluyen datos personales como el nombre, el sexo, la edad, la dirección, etc.

—**La queja principal°** donde el paciente describe el problema de salud que lo aqueja°, y lo hace en sus propias palabras. Por ejemplo:

chief complaint

affects him

    «Tenía un doloroso salpullido° en mi espalda que después me salió° en el brazo derecho.»

rash

extended

—**La historia de la enfermedad actual** que debe incluir los datos de todos los síntomas reportados por el paciente y las señas observadas por el trabajador de la salud. Los síntomas pueden incluir datos de varios sistemas diferentes ya que se trata de° un etapa del estudio que debe dar lugar° a múltiples posibilidades para el diagnóstico. La obtención de estos datos, se juntará° a aquellos logrados° a través de las pruebas de laboratorio y a los del reconocimiento físico, para llegar a la elaboración de un diagnóstico.

since it deals with

allow, permit

will be added

obtained

—**La historia médica del pasado** consigue los datos de las enfermedades del pasado, recolectando la información desde la infancia hasta la edad° actual.

age

—**La historia social** obtiene la información que se refiere a la vida social del paciente, incluyendo su lugar de nacimiento°, ocupación, relaciones interpersonales, hábitos o costumbres dañinas a la salud, adicciones, uso de drogas, etc.

birthplace

—**La historia de la familia** provee la información del estado de salud de la familia, especialmente de los padres, los hermanos y abuelos, así como las causas de sus defunciones° en el caso de que estén muertos. La historia de la familia es muy importante porque puede mostrar que una enfermedad es hereditaria o que ocurre con frecuencia en un grupo familiar.

deaths

—**La historia ocupacional** entrega los datos del medioambiente° que circunda° al paciente en su calidad de trabajador. Como la mayoría de los pacientes latinos trabajan en la ciudad, es importante considerar la contaminación y polución como posibles fuentes de enfermedades. Los pesticidas o insecticidas o sustancias químicas también afectan a aquellos que trabajan en labores del campo, en fábricas° y canerías.

environment
surrounds

factories

—**La revisión sistémica** tiene el objetivo de revisar el cuerpo sistema por sistema, en un orden riguroso, para evitar° omisiones de aspectos de enfermedad que puedan ser importantes. Incluye: 1. los síntomas generales 2. la piel° 3. la cabeza, los ojos, los oídos, la nariz, y la garganta (*HEENT*). 4. Termina con una revisión exhaustiva de todos los sistemas del cuerpo: el sistema respiratorio, el sistema cardiovascular, el sistema gastro-intestinal, el sistema genitourinario, el sistema músculo-esquelético, el sistema neurológico, así como los nódulos linfáticos y el sistema endocrino.

avoid

skin

La entrevista médica que se hace para obtener la historia médica general requiere una habilidad para comunicarse con el paciente y por eso deben utilizarse diferentes estilos de entrevista según el tipo de paciente. En el caso de los pacientes latinos, se recomienda un estilo de entrevista «dirigida»° por el doctor, cuando se perciba que se trata de un paciente tradicional que acepta con facilidad la autoridad del médico. Sin embargo°, el estilo debe cambiar para los pacientes más aculturados, que pueden preferir una entrevista más libre y porque están acostumbrados a hacer decisiones sobre su salud y su cuerpo. Lo importante es tener una actitud flexible y nunca° estereotipar ya que algunos pacientes tradicionales también pueden necesitar un tipo de entrevista con apertura cultural.

directed

however

never

Preguntas de comprensión

1. ¿Qué es la historia médica general?
2. ¿Por qué es importante saber escuchar al paciente?
3. ¿Cuáles son los componentes principales de la historia médica general?
4. ¿En qué consiste la queja principal?
5. ¿Cuál es la diferencia entre la queja principal y la historia de la enfermedad actual?

6. ¿Qué datos se obtienen con a) la historia médica del pasado b) la historia social c) la historia ocupacional d) la historia de la familia?
7. ¿Por qué es importante la historia de la familia?
8. ¿Qué incluye la revisión sistémica y cuál es su objetivo?
9. ¿Cómo se llega a un diagnóstico?
10. ¿Por qué es muy importante usar diferentes estilos de entrevistas?

HISTORIA GENERAL COMPLETA: REPASO POR SISTEMAS

Practique un repaso por sistemas por medio de estas preguntas que hará un estudiante en el rol del profesional de salud.

SALUDOS Y CORTESIAS

Buenos días, señora Martínez.
¿Cómo se siente Ud. hoy?
¿Cómo está la familia?

GREETINGS

Good morning, Mrs. Martínez.
How do you feel today?
How is the family doing?

SALUD EN GENERAL

¿Cómo está su salud este año?
¿Cómo está el apetito?
¿Ha tenido cambios en el peso?
¿Ha tenido fiebres o calenturas?

GENERAL HEALTH

How is your health this year?
How is your appetite?
Has your weight changed?
Have you had fever?

LA PIEL

¿Ha tenido problemas con la piel?
¿Ha tenido a) granos b) salpullidos
   c) ronchas d) manchas e) comezón?

THE SKIN

Have you had any skin problems?
*Have you had a) pustules b) rash
   c) hives d) spots e) itching?*

LA CABEZA

¿Ha tenido a) dolor de cabeza
   b) mareos c) vértigos?
¿Ha tenido problemas con a) la vista
   b) visión doble c) manchas delante
   de los ojos d) dolor en los ojos?
¿Padece de problemas con a) los oídos
   b) zumbidos c) dolor d) secreción
   e) vértigos?
¿Le dan dolores de garganta con frecuencia?

HEAD

*Have you had a) headache b) dizziness
   c) vertigo?*
*Have you had problems with a) your
   eyesight b) double vision c) spots before your eyes d) pain in your eyes?*
*Do you suffer from problems with
   a) your ears b) buzzing c) pain
   d) discharge e) vertigo?*
Do you often get a sore throat?

LA CABEZA

¿Tiene dificultad para a) tragar
b) comer c) pasar líquidos?

¿Ha notado alguna a) hinchazón en los
ganglios b) bolitas en el cuello?

¿Ha tenido a) laringitis b) cambio de
voz c) dolor en el pecho?

THE HEAD

*Do you have difficulty with a) swallow-
ing b) eating c) drinking liquids?*

*Have you noticed a) swelling of the
glands b) lumps in the neck?*

*Have you had a) laryngitis b) voice
changes c) pain in the chest?*

Los sistemas del cuerpo

EL SISTEMA RESPIRATORIO

¿Tiene problemas con la respiración?

¿Sufre de a) frecuentes catarros b) tos
c) dolores en el pecho?

Ha tenido a) tuberculosis b) asma
c) pulmonía d) bronquitis
e) enfisema?

THE RESPIRATORY SYSTEM

Do you have problems with breathing?

*Do you suffer from a) frequent colds
b) cough c) chest pain?*

*Have you had a) tuberculosis b) asthma
c) pneumonia d) bronchitis
e) emphysema?*

Sistema Respiratorio

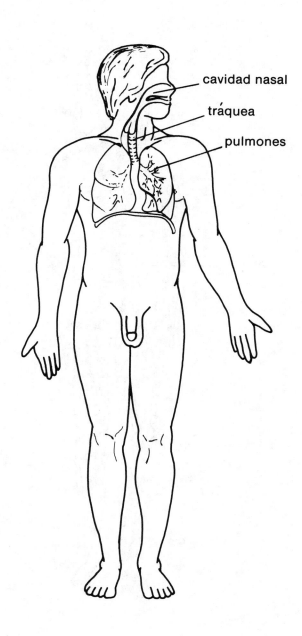

cavidad nasal

tráquea

pulmones

Sistema Cardiovascular

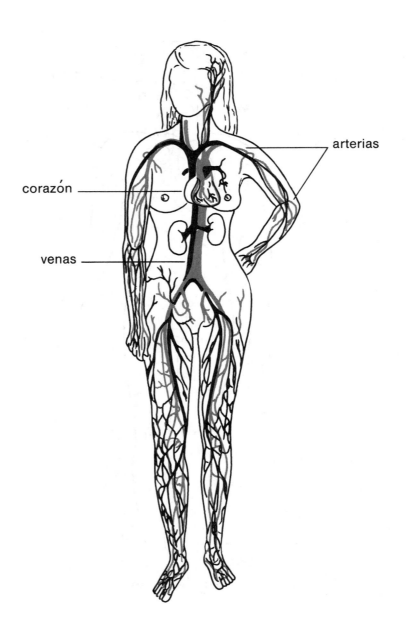

arterias

corazón

venas

Enferma del corazón

EL SISTEMA CARDIOVASCULAR

¿Se despierta en las noches sin poder respirar?

¿Con cuántas almohadas duerme?

¿Ha tenido dolor en a) el pecho b) el brazo izquierdo?

¿Ha tenido a) hinchazón de los tobillos b) dolor en las piernas c) calambres o adormecimientos?

¿Se le duermen las piernas a veces?

¿Ha tenido a) várices en las piernas b) derrames?

PRESION ALTA-HIPERTENSION

¿Tiene la presión alta?

¿Sufre algunas veces de dolores a) de cabeza b) en la nuca?

¿Padece de a) mareos b) debilidad c) vértigos?

¿Ha perdido alguna vez el conocimiento?

¿Se ha desvanecido?

¿Ha tenido sangramiento por la nariz?

THE CARDIOVASCULAR SYSTEM

Do you wake up at night without being able to breathe?

With how many pillows do you sleep?

Have you had a) chest pain b) pain in the left arm?

Have you had a) swelling of the ankles b) pain in the legs c) cramps or numbness?

Do your legs sometimes go to sleep?

Have you had a) varicose veins in your leg b) unexplained bleeding?

HYPERTENSION

Do you have high blood pressure?

Do you sometimes suffer from pain a) in the head (headache) b) in the back of your neck?

Do you suffer from a) dizzy spells b) weakness c) vertigo?

Have you ever lost consciousness?

Have you ever fainted?

Have you had nosebleeds?

Sistema Gastro-intestinal

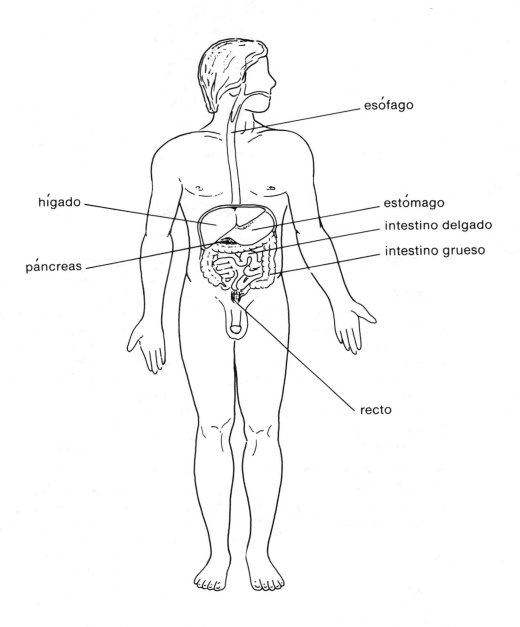

EL SISTEMA GASTRO-INTESTINAL

¿Tiene con frecuencia a) dolor de estómago b) hinchazón c) vómitos d) eruptos?

¿Ha tenido a) estreñimiento b) diarrea c) cólicos?

¿Ha notado cambios en la consistencia de su excremento?

¿Es a) duro b) suave c) mucoso?

¿Se siente a) hinchado b) con gases c) con agruras, después de comer?

¿Ha cambiado el color del excremento?

¿Es a) negro b) claro c) sanguinolento?

¿Le han diagnosticado a) úlceras b) infección de la vesícula biliar c) cáncer al colon?

EL SISTEMA GENITO-URINARIO

Cuando orina, ¿tiene a) dolor b) ardor c) dificultad al empezar o al terminar?

¿Ha cambiado recientemente el color de su orina?

¿Es a) oscura b) turbia c) anaranjada d) tiene sangre?

¿Orina mucho o poco?

¿Cuántas veces se levanta a orinar por las noches?

¿Ha tenido una prueba de sangre positiva con a) sífilis b) gonorrea c) el SIDA?

¿Sufre de a) glándulas inflamadas en la ingle b) secreción de los órganos genitales c) dolor en las partes privadas?

¿Ha tenido a) pus b) sangre c) azúcar en la orina?

¿Le han diagnosticado una infección a) en la vejiga b) en los riñones?

¿Ha pasado alguna vez piedras del riñón o de la vejiga?

THE GASTROINTESTINAL SYSTEM

Do you often have a) stomachache b) swelling c) vomiting d) belching?

Have you had a) constipation b) diarrhea c) abdominal cramps?

Have you noticed changes in the consistency of your stools?

Is your stool a) hard b) soft c) full of mucus?

Do you feel a) swollen b) bloated c) heartburn after eating?

Has your stool changed in color?

Is it a) black b) pale c) bloody?

Have you ever been diagnosed as having a) ulcers b) gallbladder infection c) cancer of the colon?

THE GENITOURINARY SYSTEM

When you urinate do you have a) pain b) burning c) difficulty when starting or finishing?

Has the color of your urine changed recently?

Is it a) dark b) cloudy c) orange-colored d) bloody?

Do you urinate a lot or a little?

How many times do you get up at night to urinate?

Have you had a positive blood test for a) syphillis b) gonorrhea c) AIDS?

Do you suffer from a) swelling of the glands in the groin b) discharge from your genitalia c) pain in your genitals?

Have you had a) pus b) blood c) sugar in the urine?

Have you ever been diagnosed as having an infection a) of the bladder b) of the kidneys?

Have you ever passed kidney or bladder stones?

Sistema Genito-urinario

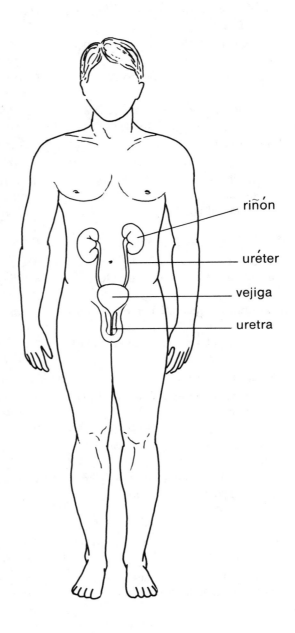

riñón

uréter

vejiga

uretra

EL SISTEMA MUSCULO-ESQUELETICO

¿Siente a) debilidad b) espasmos
c) calambres en los músculos?

¿Ha experimentado pérdida de fuerzas
en las extremidades?

¿Ha tenido a) dolor b) fractura en algún
hueso o en alguna articulación?

¿Tiene dolor en a) los huesos b) las
coyunturas c) las rodillas d) los tobillos e) las vértebras f) los nudillos
g) la cintura h) las caderas?

¿Ha sufrido de a) dislocación en los
huesos b) artritis?

THE MUSCULOSKELETAL SYSTEM

*Do you feel (do you have) a) weakness
b) muscle spasms c) muscle cramps?*

*Have you experienced any loss of
strength in your limbs?*

*Have you had a) pain b) a fracture in
any bone or any joint?*

*Do you have pain in the a) bones
b) joints c) knees d) ankles
e) vertebrae e) knuckles f) waist
g) hips?*

*Have you a) dislocated a bone
b) suffered from arthritis?*

La artritis

Sistema Esquelético   Sistema Muscular

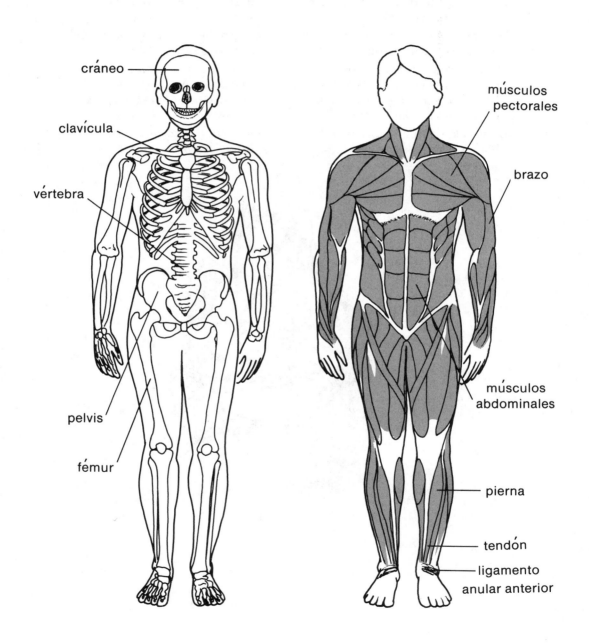

cráneo

clavícula

vértebra

pelvis

fémur

músculos
pectorales

brazo

músculos
abdominales

pierna

tendón

ligamento
anular anterior

Sistema Endocrino

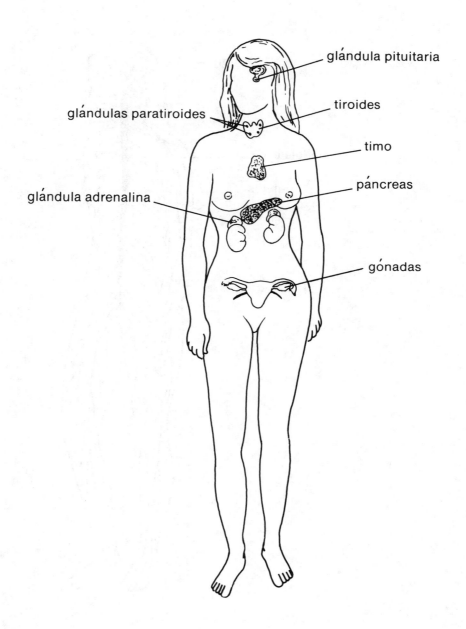

glándula pituitaria

tiroides

glándulas paratiroides

timo

páncreas

glándula adrenalina

gónadas

Sistema Nervioso

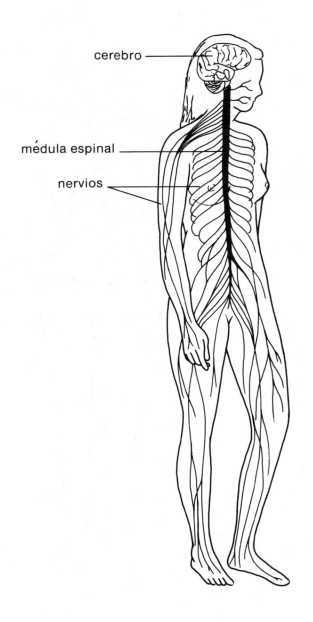

cerebro

médula espinal

nervios

EL SISTEMA NERVIOSO

¿Ha perdido alguna vez el
conocimiento?

¿Ha perdido el sentido en los brazos o
piernas?

¿Ha perdido la función en los brazos o
piernas?

¿Ha tenido a) convulsiones b) desmayos
c) dolores de cabeza?

¿Le han diagnosticado a) epilepsia
b) embolia c) parálisis d) migrañas?

¿Ha tenido dificultad con la tiroides?

¿Tiene dificultad cuando el tiempo está
excesivamente caliente o frío?

¿Tiene que beber o urinar mucho?

THE NERVOUS SYSTEM

Have you ever lost consciousness?

*Have you lost sensation in your arms
or legs?*

*Have you lost the use of your arms or
legs?*

*Have you had a) convulsions
b) fainting spells c) headaches?*

*Have you ever been diagnosed as hav-
ing a) epilepsy b) stroke c) paralysis
d) migraine?*

*Have you had any trouble with your
thyroid gland?*

*Do you have a problem when the
weather is very hot or cold?*

*Do you have to drink or urinate exces-
sively?*

LA HISTORIA OBSTETRICA Y GINECOLOGICA

Dígame, ¿a qué edad le bajó la regla?

¿Son regulares o irregulares sus reglas?

¿Cuántos días le dura la regla?

¿Es su regla cada 28, 30, o 32 días?

¿Cuándo empezó su última regla?

¿Padece de flujo de sangre entre
períodos?

¿Tiene dolor con sus períodos?

¿Cuántos embarazos ha tenido?

¿Ha tenido a) partos normales
b) malpartos c) abortos?

¿Tiene problemas con los senos?

¿Se hace el examen de los senos cada
mes?

OBSTETRIC AND GYNECOLOGICAL HISTORY

*Tell me, at what age did your periods
start?*

Are your periods regular or irregular?

How many days does your period last?

Is your period every 28, 30, or 32 days?

When did your last period start?

*Do you have bleeding between your pe-
riods?*

Do you have pain with your periods?

How many pregnancies have you had?

*Have you had a) normal deliveries
b) miscarriages c) therapeutic abor-
tions?*

*Do you have problems with your
breasts?*

*Do you self-examine your breasts every
month?*

Entrevistando con formularios

Practique la historia médica general usando el formulario. Cambie del lenguaje escrito al conversacional, especialmente con preguntas que no resulten fáciles para ciertos pacientes que no sepan o no puedan leer.

HISTORIA CLINICA   ENTREVISTA CON FORMULARIO

Nombre del Paciente _____

Edad _____

Fecha _____

Por favor, conteste todas las preguntas con una frase o con una *X*. Pida ayuda a alguna persona del personal médico si la necesita.

Queja Principal

Diga qué problema médico lo trae hoy al consultorio _____
_____

Salud en General

¿Cómo es su salud en general? Buena _____ Regular _____ Mala _____

¿Cuándo fue la última vez que se sintió bien? _____

¿Ha habido algún cambio en su peso?

¿Cuánto pesa? _____

¿Cuánto pesaba? _____

¿Duerme Ud. bien? _____

¿Cuánto ejercicio hace cada día? _____

¿Qué hace en su tiempo libre? _____

Antecedentes Quirúrgicos

Escriba en orden cronológico las operaciones que ha tenido.

Operación	Lugar	Fecha
_____	_____	_____
_____	_____	_____
_____	_____	_____
_____	_____	_____
_____	_____	_____

Revisión Sistémica

Al Paciente: Conteste todas las preguntas. Por favor, no deje ninguna sin contestar.

Comentarios Adicionales

Respiratorio: ¿Ha sufrido de. . .

Pulmonía? _____

Bronquitis? _____

Pleuresía? _____

Tuberculosis? _____

Asma? _____

Bronquitis crónica? _____

Enfisema? _____

Otro problema respiratorio? _____

Digestivo: ¿Ha tenido o tiene. . .

Dificultad al tragar? _____

Sensación de ardor en el pecho? _____

Reflujo de comida? _____

Náusea o vómito? _____

Dolor abdominal? _____

Estreñimiento? _____

Diarrea? _____

¿Ha tenido cambios. . .

En el apetito? _____

En los excrementos? _____

En la consistencia? _____

¿Ha sufrido o sufre de. . .

Ulceras? _____

Hernia hiatal? _____

Hernia esofágica? _____

Excrementos negros? _____

Ictericia? _____

Problema del hígado? _____

Problema de vesícula o cálculos? _____

Pancreatitis? _____

Diarreas? _____

Colitis o disentería? _____

Diverticulitis? _____

Sangre en el excremento? _____

Hemorroides? _____

Hernia? _____

Otras enfermedades? _____

Cirugías? _____

_____

¿Ha tenido radiografías de. . .

El estómago? (serie gastro-intestinal) _____

La vesícula? _____

Colon? (bario enema) _____

Articulaciones? _____

¿Ha tenido dificultades con. . .

Disco vertebral? _____

Nervio ciático? _____

Gota? _____

Reumatismo? _____

Artritis? _____

Hinchazón de las coyunturas? _____

Vías urinarias? _____

¿Ha tenido o tiene. . .

Nefritis? _____

Enfermedad de los riñones? _____

Proteína en la orina? _____

Sangre o pus en la orina? _____

Piedras o cálculos en los riñones? _____

Enfermedad de la vejiga? _____

Problemas de la próstata? _____

Historia Obstétrica y Ginecológica: ¿Tiene o ha
    tenido. . .

Tumores? _____

Quistes? _____

Enfermedad en las glándulas mamarias? (mamas)
_____

Embarazos? _____

Abortos terapéuticos? _____

Pérdidas? _____

Sangre o sangrados entre períodos? _____

Toxemia? _____

¿Cuándo fué su última regla? _____

¿Cuántos días dura la regla? _____

¿Son regulares? _____

¿Ha tenido histerectomía? _____

¿Alguna otra cirugía de los órganos femeninos? ____
_____

¿Toma hormonas? _____

¿Ha tenido cambio de vida o menopausia? _____
_____

¿Cuándo fué su última regla? _____

¿Ha tenido. . .

Sofocones? _____

Otras molestias? _____

Neurológico: ¿Ha sufrido de. . .

Dolores de cabeza frecuentemente? _____

Convulsiones? _____

Enfermedad neurológica? _____

Embolia? _____

Parálisis? _____

Dificultad para coordinar:

  movimientos? _____

  caminar? _____

  hablar? _____

Visión doble? _____

Alucinaciones? _____

Colapso nervioso? _____

Depresión? _____

Enfermedad psiquiátrica? _____

Comentarios Adicionales

Ojos, Oídos: ¿Tiene o ha tenido. . .

Cirugía de la vista? _____

Glaucoma? _____

Enfermedad seria de la vista? _____

Sordera? _____

Ruidos anormales en los oídos? _____

Zumbidos? _____

Alergias: ¿Ha sufrido de. . .

Alergias comunes? _____

   al polvo? _____ al pólen? _____

Fiebre del heno? _____

Asma? _____

Ronchas o erupciones de la piel? _____

¿Ha tenido alguna reacción alérgica a alguna

   medicina? _____

   A la penicilina? _____

¿Ha tenido salpullidos? _____

   Picazón? _____ Hinchazón? _____

Actividades

A. Repaso de los sistemas. Conteste las preguntas siguientes.

1. Dé cinco palabras con el sistema respiratorio.
2. Diga cuál es la función del estómago.
3. Nombre cinco huesos importantes.
4. Dé tres nombres del sistema genito-urinario.
5. Explique qué pasa en el sistema cardiovascular cuando ocurre un ataque al corazón.
6. Haga tres preguntas sobre el sistema gastro-intestinal para un paciente que tiene síntomas de apendicitis.
7. Formule cinco preguntas sobre la historia ginecológica a una mujer que sufre de amenorrea.

8. Construya tres preguntas sobre el sistema neurológico a un enfermo con migrañas.

9. Dé diez nombres del sistema músculo-esquelético: cinco músculos y cinco huesos.

10. Dé tres nombres del sistema endocrino.

B. Escriba una entrevista. Escriba diez preguntas y respuestas de un doctor y una paciente con el caso siguiente.

La señora Manuela Morales Torres es una paciente de treinta y nueve años de edad. Tiene tres hijos de doce, catorce y veinte años. Ultimamente ella ha notado sangre al defecar y por eso busca ayuda médica. La señora Morales sufre de estreñimiento crónico por varios años debido a° una dieta inadecuada y a falta de ejercicio. Hoy *due to* se presenta también con otros síntomas relacionados: a) sus excrementos han cambiado de consistencia desde hace cinco meses b) siente mucha fatiga y cansancio al caminar c) tiene ardor en el estómago. Los padres de la señora Morales Torres todavía viven y tienen setenta y uno y setenta y cinco años. Tiene dos hermanas sanas de treinta y treinta y dos años. Toda la familia padece de estreñimiento. Ella toma laxantes a diario. Aparte de estos problemas, la familia goza de buena salud. Los padres no han tenido operaciones, pero las hermanas han sido operadas de apendicitis y vesícula biliar.

C. Hablando con el paciente. Haga entrevistas médicas a los pacientes cuyos casos quedan explicados a continuación.

1. Don Carlos tiene problemas de respiración, especialmente por la noche y por eso duerme con dos almohadas. El fumaba dos cajetillas de cigarrillos al día hasta que vino con el Dr. Velásquez. Este doctor le dijo que si no dejaba de fumar°, no podría *did not stop* ser su paciente. Don Carlos dejó de fumar. Ya hace cinco años que *smoking* dejó de fumar, pero a pesar de ello, el paciente ya tenía enfisema. Además tenía problemas con el corazón. Ahora siente dolores frecuentes en el pecho y entumecimiento° en el brazo izquierdo. Es- *numbness* tos le duran por quince minutos y la nitroglicerina le ayuda un poco. Al escuchar el corazón, se oye un ruido característico del soplo° y de una insuficiencia de la válvula mitral. Esto causa presión *murmur* de los vasos sanguíneos de los pulmones; de ahí° la dificultad para *hence* respirar.

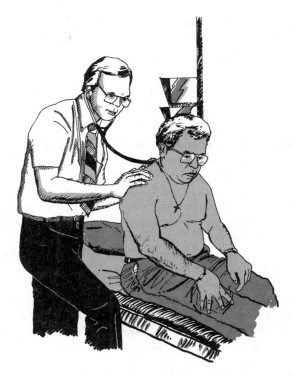

Don Carlos, enfermo del corazón

2.   Un hombre de sesenta y cinco años tiene tres problemas. Se presenta con la queja principal de que tiene un dolor agudo el abdomen, al lado izquierdo, acompañado con dolor en la cintura (la espalda baja). El cree que su problema es la diverticulitis, porque había padecido esta enfermedad antes. Al hacer el reconocimiento físico, la doctora no halló° señas de tumores u otras anormalidades y pensó que la diverticulitis sería el diagnóstico otra vez. Otras quejas del paciente son que tiene hipertensión y angina de pecho cada vez que hace ejercicios con los brazos. El paciente dijo que le gustaría tener una cirugía del colon porque esto lo dejaría con dos problemas en vez de tres. La doctora le aconsejó que evitara la cirugía porque esto sería más grave que la diverticulitis.   *did not find*

3.   Un día antes de ser internada° en el hospital, la Sra. Anita se cayó en la calle y se golpeó la rodilla derecha. Aparentemente fue un simple accidente, pero tres o cuatro horas más tarde, ella perdió el sentido en todo el lado derecho de su cuerpo. Por el momento ella no puede hablar bien, ni mover el brazo ni la mano. Ha sufrido de un ataque cerebral o embolia° y necesitará mucho tiempo para recuperarse. Los parientes deberán traerla a terapia física e informarse sobre la embolia para ayudar a Doña Anita.   *being admitted*   *stroke*

LA HISTORIA CLINICA

Lea la historia cuidadosamente y prepárese a contestar al final de la lectura.

Don Juan

SECCION 1: HISTORIA CLÍNICA

I. <u>Antecedentes Personales</u>

Nombre: Juan Chávez Alarcón
Edad: 56 años
Fecha de la historia clínica: 12 de mayo, 1986
Nacionalidad: Mexicano
Estado Civil: Casado
Ocupación: Trabajador de la construcción en la ciudad de Los Angeles, CA.
Fuentes: El paciente estaba atento, dispuesto a platicar y parecía ser digno de confianza.

II. <u>Queja principal</u>

«He tenido unas calenturas altísimas en los últimos tres días con sudores y escalofríos y con un dolor de la cintura para abajo.»

III. Historia Clínica de la Enfermedad Actual

El Sr. Chávez Alarcón se presentó el 3 de abril con una temperatura de 101.3 grados F, la tercera en una serie de temperaturas altas. Cada vez, había sido internado en el hospital y se le había dado de alta°.

had been discharged

Al principio se asoció la temperatura con una infección de los órganos urinarios, pero la última vez se sospechó que se trataba de los síntomas de rechazo° de un transplante del riñón derecho que había tenido recientemente.

rejection

Le dieron un tratamiento con esteroides y siguió con el diagnóstico de infección, más específicamente: infección crónica de la próstata. Ahora le están dando un tratamiento de antibióticos pues se sospecha de una bacteria. Si no responde bien y la infección no termina, es posible que se le someta a operación.

En 1960 el Sr. Chávez tuvo otro incidente con temperaturas altas y escalofríos, pero en esa ocasión estos síntomas se asociaron con la endocarditis que él sufría.

IV. Historia Médica del Pasado

Enfermedades de la niñez: Sarampión, fiebre escarlatina y amigdalitis.
Inmunizaciones (vacunas): Todas menos las de paperas y sarampión
Hospitalizaciones: 3 veces en el pasado
Operaciones: amigdalitis, transplantes de los 2 riñones
Enfermedades de adulto:
1960—endocarditis
1966—cálculos en los riñones
1967—flebitis
1981—síndrome nefrótico de orígen desconocido
julio 1981–1983—síndrome nefrótico empeoró; se le diagnosticó una infección crónica de la próstata.
nov. 1981—falla del riñón izquierdo
marzo 1983–junio 1983—evaluación psiquiátrica para el transplante del riñón izquierdo
junio 15, 1983—transplante del riñón izquierdo
Complicaciones:
1.   uréter queda mal puesto°

remains misplaced

2.   cordón espermético se corta accidentalmente

3. parálisis temporal de la pierna izquierda, cuya° función regresa un
    mes más tarde

julio 2, 1983—necrosis tubular aguda° del riñón transplantado

noviembre 1983—el riñón transplantado izquierdo comienza a fallar°

junio 1984—examen cistoscópico concluye° que el riñón izquierdo
estaba perdiendo° función debido a° una infección crónica.

agosto 1985—insuficiencia del riñón izquierdo; diálisis

febrero 1986—transplante del riñón derecho°

Inmunizaciones: tétano

Alergias: ninguna conocida°

Medicamentos:

antibióticos, para la infección crónica (tetraciclina)

esteroides

medicamento para la presión alta

transfusiones de sangre en las operaciones

Salud en general: hábitos y dieta

El paciente tiene muchos problemas de salud, que le impiden° una
vida normal de trabajo en la construcción. Su dieta es apropiada a su
situación médica con los transplantes de ambos riñones. Come
alimentos mejicanos pero sin grasa ni sal°. No fuma ni bebe alcohol.

V. Historia Social

El Sr. Chávez Alarcón siempre ha mantenido una actitud positiva
frente a su enfermedad y ha querido asumir responsabilidad por su
cuerpo y su salud. Ha sido un participante activo en el tratamiento de
su enfermedad, tratando de aprender lo más posible. Cuando él estuvo
en diálisis, él mismo° aprendió a usar las máquinas y a ponerse las
agujas°. Este trabajo le resultaba agotador° y le causó hasta la pérdida
de memoria. En toda su enfermedad ha tenido la ayuda de su madre y
el apoyo moral° de sus amigos, pero lo más importante es la fuerza
interior° que posee y que le da ánimos para curarse. Todavía desea
casarse° y tener hijos.

Le gustaría ser independiente en el manejo de su enfermedad.
Para relajarse, en casa, le gusta hacer colecciones de estampillas° y de
libros.

Right-margin glosses:

whose

acute tubular necrosis
begins to fail

demonstrates

losing; due to

right kidney transplant

known

prevent

with neither fat nor salt

he himself

to insert the needles; exhausting

moral support

inner strength

to get married

stamp collections

VI. Historia de la Familia

Mamá: viva, sana, de 75 años

Papá: muerto en accidente de tráfico a los 50 años

Hermana: viva, sana, de 37 años

Abuelo por parte del padre°: murió de embolia a los 63 años

Abuelo por parte de la madre°: murió de cirrosis hepática

Abuela por parte del padre°: murió de diabetes a los 75 años

Abuela por parte de la madre°: murió a los 50 años de un tumor a los ovarios.

paternal
  grandfather
maternal
  grandfather
paternal
  grandmother
maternal
  grandmother

VII. Repaso por Sistemas

Marque las categorías donde no hay un problema médico con un visto° (✓) y dibuje un círculo (O) alrededor de la categoría donde sí existe° un problema. Si no se marca una categoría se asumirá que no se le hizo la pregunta al paciente:

check mark

there is definitely

General: síntomas constitucionales

cambio de peso	fiebre/escalofríos	debilidad
fatiga	sudor/nocturno	

Piel

salpullido	comezón	cambios en uñas

Cabeza

dolor de cabeza	contusión

Ojos

visión/lentes	visión borrosa	escotomata
diplopía (visión doble)	dolor	secreción

Oídos

dolor	secreción	vértigo
sordera	tinitus	

Nariz

sinusitis	descarga nasal	gotas postnasal
epistasia	obstrucción	

Boca/garganta

llagas	dentadura	dientes/cuidado dental
sangre en las encías	ronquera	sabor

Pulmonar

disnea	esputo	respiración sibilante
dolor en el pecho	tos	

Pecho/seno

| bolas | dolor | descarga |

auto examen

Cardiovascular

palpitación	dolor	respiración difícil
ortopnea (respiración	soplo	presión alta
en posición erecta)	agua	cojera
cianosis	claudicación	

Gastro-intestinal

apetito	hernia	sangre en el excremento
ictericia	dolor	náusea/vómito
estreñimiento	diarrea	color del excremento
disfagia	almorranas/hemorroides	

Urinario

| disuria | nocturia | sangre en el orín |
| frecuencia | urgencia | incontinencia |

Historia Sexual

sífilis	gonorrea	herpes
llagas	impotencia	dolor testicular
esterilidad	contracepción	hinchazón
grávida/abortos		

Historia Menstrual

| regla: duración, | manchas | irregularidad |
| cantidad | dismenorrea | menopausia |

Endocrino

| bocio | temblores | poliuria |
| diabetes | terapia hormonal | intolerancia a lo frío/a lo caliente |

Historia de alergias

| eczema | asma | fiebre de heno |
| erupción cutánea | | |

Huesos/articulaciones/músculos

| trauma | hinchazón | dolor/artritis |

Sangre, nódulos linfáticos

| anemia | tendencia a sangrar | agrandamiento de |
| transfusiones | dolor | las glándulas linfáticas |

Sistema Linfático

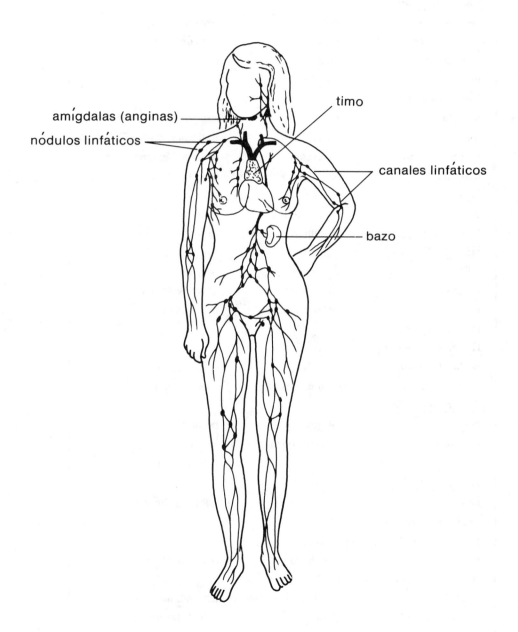

amígdalas (anginas)

nódulos linfáticos

timo

canales linfáticos

bazo

Neurológico

habla   parálisis/debilidad   convulsiones

caminar/coordinación

Psicológico

pérdida de memoria   hábitos al dormir   disposición del ánimo

fobias   ansiedad/depresión

SECCION 2: REVISION POR SISTEMAS

1. General
    a) aumento° de 40 libras después de su primer transplante   *increase, gain*
    b) está en una dieta de 1500 calorías con muy poco colesterol y cloruro de sodio

2. Piel
    a) una cicatriz° en el brazo izquierdo   *scar*
    b) un injerto° en el brazo derecho   *skin graft*

3. Cardiovascular
    a) un pequeño soplo
    b) un pequeño agrandamiento° del corazón   *enlargement*
    c) miocarditis, la primera vez en diálisis

4. Gastro-intestinal
    a) problemas con los intestinos

5. Urinario
    a) piedras° en los riñones   *stones*
    b) síndrome nefrótico

6. Riñones
    a) transplantes de los dos riñones

7. Sangre
    a) transfusiones durante los transplantes

8. Neurológico
    a) pérdida de la memoria cuando estaba en diálisis

9. Huesos
    a) calcificación del brazo derecho cuando estaba en diálisis

10. Historia sexual
    a) cordón izquierdo espermático° cortado durante el transplante   *left spermatic cord*
       del riñón izquierdo.

Preguntas de comprensión

1. ¿Quién proveyó los datos de la historia clínica?

2. ¿Cuál fue la queja principal?

3. ¿Cuáles fueron los datos de la Historia de la Enfermedad Actual?

4. ¿Por qué le hicieron el transplante del riñón izquierdo?

5. ¿Qué tratamiento le están dando en la actualidad° y por qué?   *nowadays, at present*

6. ¿En qué otro período de su vida tuvo fiebre alta y cuál fue el diagnóstico entonces?

7. ¿Qué enfermedades de la infancia tuvo?

8. ¿Cuáles han sido sus enfermedades de adulto? Délas en orden cronológico.

9. ¿Qué complicaciones causó el transplante del riñón izquierdo?

10. ¿Por qué falló el riñón transplantado izquierdo?

11. ¿Cuándo le dieron diálisis y por qué?

12. ¿Cuándo le hicieron el transplante del riñón derecho?

13. ¿Qué medicamentos ha tomado con esta enfermedad?

14. ¿Cómo es su salud en general?

15. ¿Qué actitud tiene frente a su enfermedad?

16. ¿Tiene un sistema de apoyo?

17. ¿Cómo es la salud de su familia: padres, abuelos, hermana?

18. En la revisión por sistemas, ¿cuáles categorías fueron marcadas como problemas? Explique los problemas médicos.

Actividades

A. Escribiendo un reporte. Escriba un resumen de los datos obtenidos en la revisión por sistemas, sobre Don Juan Chávez Alarcón, reuniendo uno o dos sistemas en párrafos de dos o tres frases. Entregue su composición al (a la) instructor(a).

B. Past Medical History. Pregunte lo siguiente a un paciente e imagine sus respuestas con un compañero que asume el papel del paciente. (Las respuestas están al final del capítulo.)

1. How long have you been ill?

2. When did the symptoms begin?

3. Have you had fever? cough? bleeding? pain?

4. Tell me about the symptoms in the order in which they happened.

5. Have you taken medications for this disease?

6. Have you been hospitalized?
7. What childhood diseases did you have?
8. Did you have measles? chickenpox? smallpox? meningitis? malnutrition?
9. What diseases have you had as an adult?
10. Did you ever have tuberculosis? cirrhosis? diabetes? venereal disease? parasite infestation?

C. La señora Martínez está embarazada y aunque su embarazo es normal, tiene el problema de ser pobre y no tener esposo. Enfatice la historia social. Use las Preguntas de Protocolo en el segundo capítulo. Pregunte al paciente:

1. fecha del parto
2. síntomas del embarazo
3. cambios en el peso
4. medicamentos
5. vida social
6. vida familiar

7. clases de pre-parto
8. ocupación y dinero
9. aseguranza médica
10. educación para el nacimiento del bebé

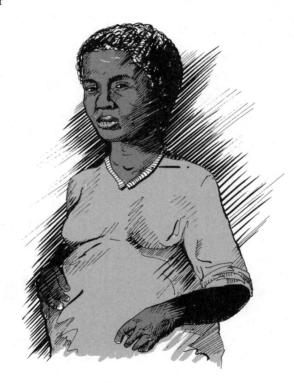

María Jesús Martínez

RESPUESTAS A LAS ACTIVIDADES DEL CAPITULO

B. Past Medical History

1. ¿Cuánto tiempo hace que está enfermo?
2. ¿Cuándo empezaron los síntomas?
3. ¿Ha tenido calentura/fiebre?   tos?   sangrado/hemorragia?   dolor?
4. Dígame sus síntomas en el orden en que sucedieron.
5. ¿Ha tomado medicamentos para esta enfermedad?
6. ¿Le han hospitalizado?
7. ¿Qué enfermedades de la infancia/niñez tuvo Ud.?
8. ¿Tuvo sarampión?   varicela?   viruela?   meningitis?   desnutrición?
9. ¿Qué enfermedades ha tenido de adulto?
10. ¿Tuvo tuberculosis alguna vez?   cirrosis?   diabetes?   enfermedad venérea?   parasitosis?

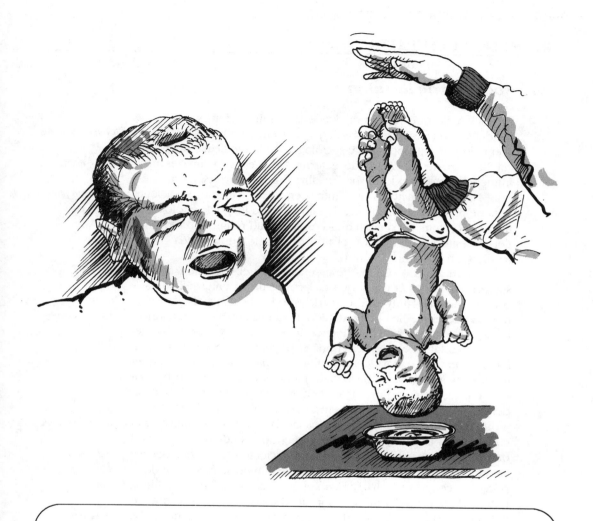

4 La entrevista con apertura cultural

CREENCIAS CULTURALES

Nociones de la cultura

La noción de que la cultura puede determinar ciertos modos de conducta° con respecto a la salud y a la enfermedad es un hecho aceptado por antropólogos y sociólogos de la medicina. Las creencias° acerca de las causas de enfermedades ejercen° una enorme influencia en el modo de buscar alivio° a la enfermedad en cuestión. Hay varios factores que entran en juego° cuando el paciente trata de resolver su problema de salud. Desde luego, la etiología es muy importante, pero también lo es, la actitud religiosa o filosófica del paciente, y por último°, el tipo de relación establecida con el médico o trabajador de salud.

    La etiología o sistema de creencias que el paciente trae consigo de lo que es la causa que ha provocado su enfermedad es— con frequencia—muy diferente del modo de concebir la enfermedad que el médico tiene, debido a° su entrenamiento científico. Estas diferencias resultan en interacciones conflictivas y muchas veces en una falta de aceptación por el paciente del tratamiento que ha indicado el trabajador de salud. El paciente decide que el médico no entiende su problema mientras que el médico categoriza al paciente como un caso difícil. A modo de ilustración, consideremos el ejemplo de una enfermedad folklórica, tal como «la mollera caída»°. Para el trabajador de la salud, esta enfermedad común de la infancia, sería simplemente un caso de deshidratación que sigue° a una fiebre, pero para el paciente o la madre del paciente, se puede tratar de un caso en que el niño se fue «secando°», poco a poco, porque ella cometió el error de quitar° muy rápido la botella de la boca del niño, o porque el niño se cayó de la cama o porque el padre lo lanzó° al aire mientras jugaba. En general, las causas de las enfermedades en la concepción de algunos pacientes hispanos, yacen° en algún error de conducta o «algo que se hizo mal» y no tanto en el efecto de gérmenes, bacterias u otros microorganismos portadores° de enfermedad. Es importante comprender que hay diferentes elaboraciones de las etiologías, según el grado de educación y aculturación del paciente. No todos los pacientes hispanos piensan igual. Los trabajadores de la salud deben estar conscientes de que existe una diversidad enorme en el modo de concebir las enfermedades y que es necesario averiguar° cuál es el modo de entender la enfermedad que el paciente en forma individual ha elaborado en su mente, y no solamente lo que ha determinado la cultura. De aquí° deriva la necesidad de aprender técnicas de la entrevista con apertura cultural.

behavior patterns

beliefs; exert
relief
come into play

lastly

due to, because

fallen fontanelle

that follows
drying up
remove

threw him

lie

causal agents

find out

hence

El doctor Arthur Kleinman, de la Facultad de Medicina de Harvard, ha diseñado algunas valiosas preguntas que sirven para elicitar la perspectiva del paciente y que estudiaremos en este capítulo.

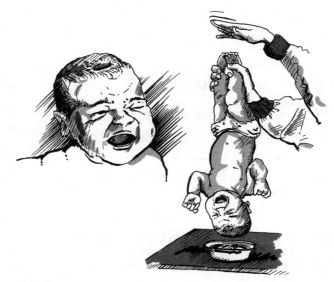

La mollera caída: el tratamiento de la curandera

Preguntas de comprensión

1. ¿Cuáles son algunos factores importantes cuando el paciente trata de resolver un problema de salud?
2. ¿Por qué hay conflictos entre el doctor y el paciente con respecto a las causas de enfermedades?
3. Explique el caso de «la mollera caída». ¿Qué causa le atribuye el paciente y cómo la entiende el trabajador de salud?
4. ¿De qué depende la elaboración que el paciente hispano hace sobre la etiología de su enfermedad?
5. ¿Qué ha diseñado el doctor Kleinman para obtener la perspectiva del paciente?

Actividades

A. Entrevista con el modelo de Kleinman. Practique una entrevista a un paciente usando el modelo de Kleinman adaptado para el paciente latino. En este caso el paciente se queja de una enfermedad folklórica llamada el empacho, que tiene los síntomas de úlceras. (Las respuestas están al final del capítulo.)

MEDICO—Buenos días, ¿cómo se siente hoy?

PACIENTE—_____

MEDICO—¿Qué piensa que le causó la enfermedad?

PACIENTE—_____

MEDICO—¿Cómo llama Ud. a su enfermedad?

PACIENTE—_____

MEDICO—¿Por qué cree Ud. que empezó este problema con el estómago?

PACIENTE—_____

MEDICO—¿Está tomando remedios caseros para esta molestia?

PACIENTE—_____

MEDICO—¿Ha consultado a algún doctor en México o a un curandero antes de venir aquí?

PACIENTE—_____

MEDICO—¿Qué teme más con repecto a la enfermedad?

PACIENTE—_____

MEDICO—¿Cuáles son los problemas personales o de trabajo que su enfermedad le ha causado?

PACIENTE—_____

MEDICO—¿Qué tipo de tratamiento cree Ud. que debe seguir y qué resultados espera obtener de ese tratamiento?

PACIENTE—_____

MEDICO—¿Qué le hace su enfermedad a su cuerpo o cómo cree Ud. que la enfermedad funciona dentro de Ud.?

PACIENTE—_____

El empacho

El empacho° es un tipo de indigestión que puede afectar a hombres, mujeres, y niños. Los síntomas que se presentan con el empacho son: dolor en el área abdominal, hinchazón, falta de apetito, fiebre, vómito, diarrea, y acidez. La gente cree que la enfermedad es causada por obligar a alguien a comer en contra de su voluntad,° o por comer excesivamente de una cosa como queso, huevo, chicharrones, etc. Se piensa que al comer en estas condiciones, el

surfeit

against one's will

El empacho: un tratamiento folklórico

bolo alimenticio° no ha sido bien digerido y se pega° en la pared° *food bolus;*
del estómago. *becomes stuck;*
 wall

El susto° puede ser una enfermedad emocional en un adulto. *fright*
Los síntomas son anorexia, pérdida de peso°, insomnia, mareos, *weight loss*
depresión, introversión, hiperventilación, y shock nervioso. El susto
está basado en la creencia de que un individuo está compuesto de° *formed by*
espíritus que pueden abandonar el cuerpo después de un shock.
Una vez que la persona ha sido asustada, es imperativo que el alma
regrese al cuerpo inmediatamente o la muerte es inminente.

En los niños, los síntomas que se atribuyen al susto pueden
indicar una meningitis o una infestación generalizada. El susto es,
en general, el nombre de posibles enfermedades graves.

Preguntas de comprensión

1. ¿Qué es el «empacho» y cuáles son algunos de sus síntomas?
2. ¿Qué creen algunas personas que causa esta enfermedad?
3. Explique los síntomas del «susto».
4. ¿En qué creencia está basado el «susto»?

5. ¿Qué tipo de enfermedad puede ser el «susto» en los adultos y cómo se diferencia del «susto» en los niños?

Actividades

A. Enfermedades folklóricas. Busque el síntoma que mejor describa la enfermedad en lista. (Las respuestas están al final del capítulo.)

1. La mollera caída:
   a) dolor de cabeza
   b) cólicos
   c) deshidratación que sigue a una fiebre
   d) diarrea y vómitos

2. El empacho:
   a) presión arterial alta
   b) dificultad al respirar
   c) falta de fuerzas
   d) dolor en el área abdominal

3. El susto:
   a) dificultad al orinar
   b) agruras°   *heartburn*
   c) insomnia y shock
   d) desnutrición

B. ¿Verdad o falso? ¿Qué piensan algunos de los pacientes hispanos? Diga si los pacientes que Ud. ha conocido creen que estas ideas son verdaderas o falsas. (Las respuestas están al final del capítulo.)

1. Las enfermedades crónicas se deben° a la hostilidad manifes-   *are due to*
   tada por un enemigo que ha hecho° un mal. _____   *has done, did*

2. Expresar admiración por un bebé hermoso y no tocarlo°   *not to touch it*
   puede causarle enfermedad. _____

3. Un doctor bueno debe saber el diagnóstico la primera
   vez. _____

4. Es malo tomar dos medicamentos en el mismo° día. _____   *same*
   _____

5. El té de menta es bueno para el estómago. _____

6. Las corrientes de aire° producen catarros. _____   *drafts*

7. El vino ayuda a la digestión. _____

8. Es bueno lavarse el pelo cuando baja la regla. _____

9. Dar° sangre sirve para bajar de peso.° _____   *to donate; to lose
                                                               weight*
10. Los niños deben estar flacos° para ser sanos.° _____   *thin; healthy*

C. Entrevista con apertura cultural. Usando sus conocimientos de sensibilidad cultural haga una entrevista médica para cada uno de las situaciones que siguen.

1. Una mujer viene a la oficina y dice que su niño tiene la mollera caída. Acepte la noción y obtenga los datos de la enfermedad incluyendo el tratamiento ante-

rior. Trate el caso como uno de deshidratación, hable de su modo de tratamiento y prevención, una vez obtenida la cooperación del paciente con el estilo abierto de la entrevista.

2. Ud. sospecha que el paciente está somatizando un problema psico-social. Haga una entrevista que enfatiza la historia social, historia ocupacional y historia familiar.

3. Un hombre viene a su consultorio con la queja de que tiene el «susto». Dice que no tiene ganas de comer ni de beber y que está intranquilo como que el alma ha abandonado su cuerpo. Ha consultado a un curandero sin resultado. Haga preguntas y descubra que es un caso de infestación generalizada, obteniendo los datos con el estilo abierto de su entrevista. Pregúntele sobre la comida y sus hábitos de comer en la calle.

4. Un niño es traído por su madre a su oficina de pediatra con el síntoma de dolor en el área abdominal. El niño ha comido muchas palomitas de maíz y la madre crée que está «empachado». Trate el caso como uno de apendicitis o peritonitis con preguntas culturalmente sensibles.

5. Una anciana viene a consultarle sobre un «mal de aire», diciendo que la ha golpeado una corriente de aire. Trate el caso como uno de artritis reumatoide, dolor en los huesos y articulaciones. Llegue al diagnóstico después de hacer varias preguntas abiertas para obtener los síntomas y tratamientos caseros.

CREENCIAS QUE RESULTAN DAÑINAS

Creencias que resultan dañinas

Un paciente en el campo

El señor Cárdenas viene a la clínica rural donde la doctora Vogel atiende a los campesinos una vez por semana.

DRA. VOGEL—¿Qué lo trae hoy a la clínica?

SR. CARDENAS—Un perro me mordió un brazo y me dejó una herida. Mírelo como está. Mi mujer me hizo tomar un té hecho con el pelo de la cola del mismo perro.

DRA. VOGEL—¿Por qué usó ella el pelo del perro?

SR. CARDENAS—Porque así se curan las mordidas de perro. Todo el mundo en el pueblo lo cree así.

DRA. VOGEL—Yo comprendo que Uds. creen que el pelo del perro puede curarlo, pero en realidad no lo hace. Su herida está infectada y necesita atención médica inmediata.

SR. CARDENAS—¿Es muy grave, doctora?

DRA. VOGEL—Sí, lo es. Tendremos que desinfectar la herida y darle las inyecciones contra la rabia porque no sabemos si el perro que lo mordió estaba vacunado o no.

SR. CARDENAS—¡Ay ay ay! ¡Esto sí que no me gusta! Pero dígame, ¿cómo es eso de las inyecciones?

DRA. VOGEL—Bueno, ¡cómo no! Ud. tiene que ponerse cuarenta inyecciones. . . .

Vocabulario

SUSTANTIVOS

la **creencia** *belief*
la **cola** *tail*
la **herida** *wound*
la **mordida** *bite*
el **perro** *dog*
el **pueblo** *town*

FRASES UTILES

¿Cómo es eso de. . . ? *What's that about. . .*
¡cómo no! *certainly*
contra *against*
dígame *tell me*
me hizo tomar *made me drink*
mírelo como está *see how it looks*

A patient in the countryside. *Mr. Cárdenas comes to the rural clinic where Dr. Vogel sees patients once a week.* DR. VOGEL—What brings you to the clinic today? MR. CARDENAS—A dog bit my arm and wounded me. Look at it (look at how it is). My wife made me drink a tea made from the hair of that dog's tail. DR. VOGEL—Why did she use the dog's hair? MR. CARDENAS—Because that is the way to cure a dog's bite. Everybody in our town believes this. DR. VOGEL—I understand that you believe that the dog's hair can cure you, but in fact it never does. Your wound is infected and needs medical attention immediately. MR. CARDENAS—Is it very serious, Doctor? DR. VOGEL—Yes, it is. We'll have to disinfect the wound and give you shots against rabies, because we don't know if the dog that bit you was immunized against rabies. MR. CARDENAS—Ay ay ay! I don't like this at all! But tell me what's that about shots? DR. VOGEL—Certainly! You have to get forty shots. . . .

Preguntas de comprensión

1. ¿Por qué viene el paciente a la clínica?
2. ¿Qué medicina tomó?
3. ¿Por qué usó ella el pelo de la cola del perro?
4. ¿Cómo está la herida ahora?
5. ¿Qué tendrá que hacer el trabajador de la salud?

Actividades

A. Corrigiendo una creencia dañina. Escriba un diálogo o haga una entrevista con un paciente que exhibe las creencias siguientes.

1. La sífilis se cura comiendo un zopilote.
2. Hay que cubrir con mucha ropa a un bebé que tiene calentura.
3. La mujer no se debe lavar el pelo cuando le baja la regla.
4. Se tiene que preparar un remedio casero para la mordida de víbora.
5. Si a un niño le han hecho un «mal de ojo°» hay que buscar a la persona que lo «ojeó°» para que lo toque.   *evil eye*
   cast the evil eye

B. Entrevista con apertura cultural.

PROFESIONAL
DE SALUD—Buenas tardes. Me alegra verlos otra vez. ¿Cómo están Uds.?

PACIENTE—_____

PROFESIONAL
DE SALUD—¿Qué cree Ud. que le causó el «mal de ojo» al niño?

PACIENTE—_____

PROFESIONAL
DE SALUD—¿Qué problemas ha tenido con esta enfermedad?

PACIENTE—_____

PROFESIONAL
DE SALUD—Si ha tenido fiebre y letargo, ¿le ha tomado la temperatura?

PACIENTE—_____

PROFESIONAL
DE SALUD—¿Ha visto a algún curandero o a otro profesional para el «mal de ojo»?

PACIENTE—_____

PROFESIONAL
DE SALUD—¿Qué cree Ud. que puedo hacer yo por su niño?

PACIENTE—_____

C. Traduzca al español.

1. What do you call this illness?
2. Are you taking home remedies for this ailment?
3. What do you fear most about the evil eye?
4. What kind of treatment do you expect from me?
5. Why is it important to find the person who cast the evil eye on your child?

ENTRENAMIENTO EN SENSIBILIDAD CULTURAL

Valores y ética de los latinos

La familia es la unidad° celular que sostiene° el sistema de relaciones de una sociedad y es la institución más importante dentro de la comunidad hispana. La familia latina en los Estados Unidos también sufre la crisis que afecta al resto de la sociedad norteamericana. No está libre de los problemas que se viven en una sociedad altamente industrializada. Así, tenemos una gran diversidad en la organización de las familias. Existen las familias nucleares, las familias extendidas (con abuelos, tíos, etc.) e incluso las familias de padres solteros°. De hecho°, muchas familias son mantenidas° por la madre sola después de que el matrimonio se ha quebrantado° con un divorcio o una separación. Cabe agregar° que también exis-

unit; sustains, holds together

single parents; in fact; supported broken up it must be added ten las familias extendidas adaptadas a la nueva situación. El concepto de la familia tradicional como un grupo que acogía° a muchos de los parientes bajo un solo techo° es más bien una reminiscencia del pasado en que la sociedad estaba en una etapa agraria. En la actualidad, la familia moderna es predominantemente urbana y el trabajo de cada uno de sus miembros se hace en la ciudad; por eso, no es raro encontrar a los parientes de una familia latina viviendo en casas separadas pero en constante contacto y comunicación. De este modo, es común reunirse para fiestas, celebraciones o reuniones de aniversarios, cumpleaños, bodas°, funerales, etc. A pesar de° los cambios impuestos por un sistema de vida moderno y exigente, la familia latina se esfuerza por mantener su unidad aunque a veces, sucumbe ante las presiones y se desintegra.

sheltered
roof

weddings
despite, in spite of

Preguntas de comprensión

1. ¿De qué problemas sufre la familia latina?
2. ¿Qué tipos de familias latinas existen?
3. ¿Cómo era la familia tradicional?
4. ¿Cómo es la familia moderna en la actualidad aquí en los Estados Unidos?
5. ¿En qué modos se esfuerza la familia latina por mantener su unidad?

Actividades

A. Reconstrucción de la lectura. Use las palabras claves en el párrafo siguiente y empiece su propia narración de la historia.

> familia...unidad...sistema de relaciones...institución...dentro de...sufre...que afecta...sociedad...no...libre...altamente industrializada...diversidad...nucleares extendidas...padres solteros...mantenidas...se ha quebrantado...familias extendidas...adaptadas...familia tradicional...grupo... acogía...techo...reminiscencia... agraria...en la actualidad...urbana...trabajo...no es raro...separadas...comunicación...reunirse bodas...cambios...exigente...se esfuerza...sucumbe...se desintegra

B. Tópicos para discusión oral o composición escrita.

1. Discuta sobre la diversidad en la familia latina: diversos grupos (mejicanos, puertorriqueños, cubanos, chicanos, sudamericanos), diversos tipos (familias nucleares extendidas y adaptadas a los Estados Unidos, de padres solteros como jefes de familia), diversas clases sociales y económicas.
2. Compare la familia latina con la familia anglosajona principal.
3. Comente sobre los efectos en la salud que ejerce el ritmo de vida moderno sobre las familias en general (tensión emocional en los niños y adultos, contaminación, etc.).

EL CURANDERO: LA MEDICINA FOLKLÓRICA

La periodista entrevista a un curandero.

Con el curandero

Una periodista entrevista al señor Flores, un famoso curandero de Nuevo México.

PERIODISTA—Señor Flores, ¿me podría decir Ud. qué modos de curación usa Ud. con sus pacientes?

SEÑOR FLORES—Pues, depende de la enfermedad. Puedo usar hierbas si es una enfermedad de causa natural. . . . Lo más importante es que el paciente tenga fé en Dios. La curación no la hago yo, sino el Señor que me ha dado el don de curar.

PERIODISTA—¿Qué otras causas pueden tener las enfermedades y cómo varían los modos de curar según las causas?

SEÑOR FLORES—Algunas enfermedades pueden ser causadas por males o hechicerías que las preparan los brujos, pero además, se pueden deber a desequilibrios en los elementos del cuerpo. Si es un mal puesto, algunos curanderos se comunican con los espíritus por medio de trances espirituales y deshacen el mal. Hay muchas maneras diferentes de curar.

PERIODISTA—Ya veo. Ahora quisiera saber, ¿cuáles son las enfermedades que los doctores no pueden o no saben curar?

SEÑOR FLORES—Las enfermedades como el susto, el mal de ojo, el empacho, el mal aire, el mal pie, la mollera caída. . . .

PERIODISTA—¿Por qué no las puede curar un doctor?

SEÑOR FLORES—Porque ellos no entienden el orígen de estas dolencias. Uno tiene que saber la causa para curar un mal y no sólo tratar de eliminar los síntomas.

PERIODISTA—Muy interesante. Y ahora, una última pregunta, señor Flores. . . . ¿Cuál es el tratamiento que Ud. emplea para el empacho?

SEÑOR FLORES—Bueno, yo doy masajes en el estómago, desde arriba hacia abajo, para deshacer la obstrucción que la comida mal digerida ha causado en el intestino. En seguida, les doy aceite de castor para limpiar los intestinos, y les indico que deben tomar té de yerbas por uno o dos días al mismo tiempo que les recomiendo un cambio de dieta de la comida regular a una con vegetales y comida blanda.

PERIODISTA—Yo creía que el masaje se hacía en la espalda.

SEÑOR FLORES—Sí, es verdad. El masaje incluye, por cierto, la parte de atrás del cuerpo, empezando con las piernas, que se masajean de arriba hacia abajo, y después se sube a la espina dorsal, o la espalda y se da el masaje desde la cabeza hasta la colita. Esto se repite varias veces hasta oir el ruido de chasquido indicando que bola de comida se ha soltado de la pared del estómago.

PERIODISTA—Le agradezco mucho su información. Hasta pronto y muchísimas gracias.

With the folk healer. *A journalist interviews Mr. Flores, a famous curandero from New Mexico.* JOURNALIST—Mr. Flores, could you tell me what kinds of treatments you use with your patients? MR. FLORES—Well, it depends on the illness. I can use herbs if it's an illness with a natural cause. . . . The most important thing is that the patient has faith in God. I don't do the healing but rather the Lord who has given me the gift to cure. JOURNALIST—What other causes can diseases have and how do the means of treating them vary according to the causes? MR. FLORES—Some illnesses can be caused by hexes or witchcraft that are prepared by witches, but in addition to that, they can be due to a lack of equilibrium in the body humors. If it is a fixed hex, some healers communicate with the spirits by means of seances and they undo the hex. There are many different ways to cure. JOURNALIST—I see. Now I'd like to know which are the illnesses that doctors can not or do not know how to cure? MR. FLORES—Illnesses such as the magical fright, the evil eye, the surfeit, the bad air, the bad foot, the fallen fontanelle. . . JOURNALIST—Why can't a doctor cure them? MR. FLORES—Because they don't understand the origin of these ailments. One must know the cause to cure an ailment and not just try to eliminate symptoms. JOURNALIST—Very interesting. And now one last question, Mr. Flores. . . . What treatment do you use for "empacho"? MR. FLORES—Well, I massage the stomach, from top to bottom, in order to dissolve the obstruction that poorly digested food has caused in the intestines. Thereafter, I give them castor oil to clean the intestines and I indicate that they must drink herbal teas for one or two days, at the same time that I recommend to them a change of diet from their regular food to one with vegetables and a bland diet. JOURNALIST—I thought that the massage was applied to the back. MR. FLORES—Yes, that's right. The massage includes, of course, the back part of the body, beginning with the legs, that are massaged from top to bottom and later on you go up to the spinal bone or the backbone and you massage from the head to the coccyx. This is repeated several times until you hear the snapping noise that indicates that the food bolus has been dislodged from the wall of the stomach. JOURNALIST—I am very grateful for your information. See you soon and thank you very much.

Vocabulario

SUSTANTIVOS

la **colita**   *coccyx* (colloq.)
el **don**   *gift*
las **hechicerías**   *witchcrafts*
el **ruido de chasquido**   *snapping noise*
los **trances**   *seances, spiritual trances*

TERMINOS CULTURALES

el **empacho**   *surfeit, abdominal pain*
el **susto**   *magical fright*
el **mal aire**   *bad air*
el **mal pie**   *bad foot*
el **mal puesto**   *fixed hex*
la **mollera caída**   *fallen fontanelle*

VERBOS

dar   *to give*
emplear   *to use*

FRASES UTILES

pués   *well*
depende de   *it depends on*
según   *according to*

Preguntas de comprensión

1.   ¿Quién es el Sr. Flores?
2.   ¿Qué modo de curación usa si es una enfermedad de causa natural?
3.   ¿Quién hace la curación y qué necesita tener el paciente?
4.   ¿Qué otras causas pueden tener las enfermedades, según el Sr. Flores?
5.   ¿Qué hacen los curanderos si es un «mal puesto»?
6.   ¿Cuáles son las enfermedades que los doctores no pueden o no saben curar?
7.   ¿Qué es necesario saber para curar un mal, según el Sr. Flores?
8.   ¿Qué tratamiento emplea él para curar el «empacho»?
9.   ¿Cómo se hace el masaje en las piernas y en la espina dorsal?
10.   ¿Por qué es importante oir el ruido de chasquido?

Actividad

A. Juego cultural. Trate de contestar estas preguntas con un compañero, después de estudiar sobre medicina tradicional. Si desea confirmar sus respuestas o si trabaja solo(-a), busque las respuestas al final del capítulo.

1.   ¿Por qué es importante que un trabajador de salud sepa algo de la medicina tradicional?
   a)   para entender la cultura del paciente
   b)   porque todos los remedios caseros son buenos
   c)   para aprender a recetar hierbas
   d)   para entrenarse como un curandero
2.   El curanderismo proviene:
   a)   de varias culturas: judío-cristiana, árabe, indígena americana

   b)   de los méjico-americanos solamente
   c)   del oriente
   d)   de la cultura africana

3.   El curanderismo es muy popular porque:
   a)   involucra a toda la familia y es accessible a todos
   b)   cura todas la enfermedades
   c)   preserva la salud física y mental en el barrio
   d)   previene enfermedades graves

4.   ¿Quién es la persona o institución más importante para hacer decisiones de salud dentro de la comunidad hispana?
   a)   el doctor
   b)   el paciente
   c)   la familia
   d)   el curandero

5.   En la medicina tradicional hay unas comidas calientes y otras frías. ¿Cuál comida de esta lista es fría?
   a)   chiles verdes
   b)   ajo
   c)   rábano°   *radish*
   d)   sal

Enfermedades de causas naturales y sobrenaturales

En el sistema de creencias del curanderismo, las enfermedades de causas naturales se producen por un desequilibrio en el cuerpo de los elementos naturales: el calor y el frío. El cuerpo se esfuerza° *tries* constantemente por mantener un calor equilibrado°. Cuando este *constant temperature* equilibrio se rompe° debido a una forma de conducta equivocada, *breaks* el cuerpo se enferma. El modo de mantener este equilibrio es comer una dieta de alimentos fríos y calientes. Ejemplo de una comida fría es el rábano, y de comida caliente es el chile. Las enfermedades de causas sobrenaturales se pueden producir por un desequilibrio en las relaciones sociales con los vecinos°, amigos, o *neighbors* enemigos quienes recurren° a poner los males. *try to*

Preguntas de comprensión

1.   ¿Por qué se producen las enfermedades de causas naturales, según los curanderos?
2.   ¿Por qué trata el cuerpo de mantener el calor equilibrado?
3.   ¿Cómo se puede mantener el equilibrio del cuerpo?
4.   ¿Cómo se producen las enfermedades de causas sobrenaturales?

Las hierbas medicinales

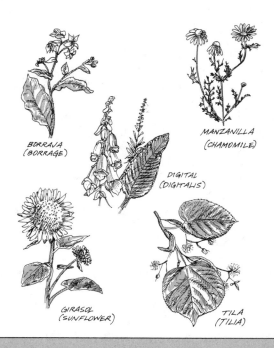

GLOSARIO DE LAS HIERBAS MEDICINALES

ESPAÑOL	INGLES	DENOMINACION FARMACOLOGICA	PREPARACION	PARTE
manzanilla	*chamomile*	matricaria, chamomillia	té—contra el dolor del estómago; baños—contra hemorroides	flores
borraja	*borrage*	herba boraguis	té—nerviosismo palpitaciones, cardíacas alteraciones	flores
digital	*digitalis*	folia digitalis	preparados: gallénicos irregularidad del corazón	hojas
girasol	*sunflower*	flores helianthii annus	tintura: fiebre	pétalos semillas
tilo	*linden tree*	flos-tiliae	té—resfriados contra la bronquitis, anti-gripe	flor y hoja

Preguntas de comprensión

1. ¿Para qué se usa la borraja?
2. ¿Cómo se usa la hierba digital en la medicina científica?
3. ¿Cuál es el nombre en inglés para el tilo?
4. ¿Qué partes de la planta son curativas en el girasol?
5. ¿Cuál es la denominación farmacológica de la manzanilla?

Actividad

A. Tópicos para presentación oral o composición escrita.

1. Investigue sobre el uso de las plantas medicinales en la cultura latina y haga una presentación oral a la clase con diapositivas o cualquier ayuda audiovisual. Después de la presentación, la clase discute las ideas presentadas o escriben un reporte.

2. Invite a un experto en hierbas medicinales (un etnobiólogo o un curandero que use hierbas en sus tratamientos). El puede hacer una presentación formal mostrando algunas hierbas, o la clase puede entrevistarlo.

RESPUESTAS A LAS ACTIVIDADES DEL CAPITULO

A. Entrevista con el modelo de Kleinman.

1. No me siento muy bien, doctor.
2. Ayer comí demasiado chorizo.
3. Se llama «empacho».
4. Porque no soy muy ordenado para comer.
5. Sí, un poco de aceite de castor.
6. Sí, ví a una curandera en el barrio.
7. Tengo miedo de que no se vaya a soltar la bola y siga empachado.
8. He tenido que estar ausente del trabajo dos días por el dolor.
9. Yo creo que hay que sacar el bolo de comida que está pegado en la pared del estómago. Quizás un masaje me podría ayudar.
10. Hay algo que me irrita el estómago y que tiene que salir de ahí.

A. Enfermedades folklóricas.

1. c   2. d   3. c

B. ¿Verdad (v) o falso (f)?

1. v   2. v   3. v   4. f   5. v   6. v   7. v   8. f   9. v   10. f

A. Juego cultural.

1. a   2. a   3. a   4. c   5. c

5 Historias médicas especializadas

MEDICINA DE LA FAMILIA

Un parto 🔲

La señora Jiménez llama por teléfono a su doctor para decirle que las contracciones empezaron esa mañana.

SRA. JIMÉNEZ—Dr. Moncada, buenas tardes. Soy la señora Jiménez. Lo llamaba para decirle que estoy teniendo muchas contracciones.

DR. MONCADA—¿Cada cuánto tiempo le vienen?

SRA. JIMÉNEZ—Me vienen cada cinco minutos. ¿Debo ir al hospital ahorita?

DR. MONCADA—Sí, venga ahora mismo. La espero en el hospital.

La señora Jiménez llega al hospital, acompañada de su marido. Ella llega con muchos «dolores».

DR. MONCADA—Muy bien, señora Jiménez. ¿Cómo se siente? ¿Está lista para dar a luz?

SRA. JIMÉNEZ—Ay, doctor, sí, estoy lista. Los dolores son muy fuertes y seguidos ahora.

DR. MONCADA—Sí, ya lo creo, señora. Los dolores ayudan al bebé. Use la respiración honda con cada contracción. Recuerde las clases de preparación de parto!

SRA. JIMÉNEZ—Si, doctor. ¡AYAYAY! Ahí viene otra. (*hablándole a su esposo*) ¡Dáme tu mano, Manuel!

MANUEL—Querida, ¡trata de respirar hondo cuando te venga el dolor! Yo te voy a sobar la espalda.

Unos minutos después están todos en la sala de parto.

DR. MONCADA—(*examinando a la Sra. Jiménez*) Todo parece normal. Le voy a poner una inyección de anestesia local. ¡Cálmese! Esto le va a ayudar mucho.

SRA. JIMÉNEZ—¡AYAYAY! Doctor, ¡es que los dolores son muy fuertes! ¿Cuándo me voy a aliviar?

DR. MONCADA—Ahorita, el cuello del útero está muy dilatado, así que el bebé va a nacer pronto. ¡Puje, puje con la contracción!

SRA. JIMÉNEZ—¡Uf, uf, uf! ¡Ay, Señor mío, ayúdame!

DR. MONCADA—Descanse ahora. Prepárese que ya viene otra contracción. Ya veo la cabecita del bebé y viene en buena posición.

SRA. JIMÉNEZ—¡Ay, doctor! ¿qué cree Ud. que es?

DR. MONCADA—Ya está saliendo. Sí, ahora veremos. ¡Es una niña! ¡Qué bien! ¿Está contenta?

SRA. JIMÉNEZ—Estoy muy contenta, doctor. ¿Puedo ver a la niña? Oh, ¡qué hermosa! ¡Mira, Manuel, a nuestra hijita!

MANUEL—Sí, mi amor. ¡Es muy linda!

DR. MONCADA—Tiene que pujar otro poco para hacer salir la placenta. ¡Puje, puje, por favor!

Vocabulario

SUSTANTIVOS

la **contracción** *contraction*
la **espalda** *back*
la **matriz** *uterus* (colloquial)
el **parto** *delivery, labor*
la **sala de parto** *delivery room*

VERBOS

aliviarse *to give birth* (obtain relief)
ayudar *to help*
calmarse *to calm down*
dar a luz *to give birth*
descansar *to rest*
empujar *to push*
hacer salir *to push out*
preparar *to prepare*
prepararse *to get ready*
sobar *to rub*

FRASES UTILES

ahorita *right now* (colloquial)
ahora mismo *right away*
cada cinco minutos *every five minutes*
**clases de preparación para el
     parto** *childbirth classes*
puje *push*
ya lo creo *indeed, I believe so*

Preguntas de comprensión

1. ¿Por qué llama la Sra. Jiménez al Dr. Moncada?
2. ¿Cada cuánto tiempo tiene las contracciones?
3. ¿Cuándo empezaron los dolores?
4. ¿Con quién va al hospital?
5. ¿Qué son los «dolores»?

A delivery. *Mrs. Jiménez calls her doctor to tell him that her contractions started that morning.* MRS. JIMENEZ—Dr. Moncada? Good afternoon. This is Mrs. Jiménez. I was calling to tell you that I'm having many contractions. DR. MONCADA—How often do you have them? MRS. JIMENEZ—They come every five minutes. Should I go to the hospital right away? DR. MONCADA—Yes, come right away. I'll wait for you at the hospital. *Mrs. Jiménez arrives at the hospital accompanied by her husband. She is in a lot of pain.* DR. MONCADA— Very well, Mrs. Jiménez, how do you feel? Are you ready to give birth? MRS. JIMENEZ—Yes, Doctor, I am ready! The contractions are very strong and continuous now. DR. MONCADA—I think so, madam. The pains help the baby. Take a deep breath with each contraction. Remember your childbirth classes! MRS. JIMENEZ— Yes, Doctor. AYAYAY, here comes another one! (*talking to her husband*) Give me your hand, Manuel. MANUEL—Dear, try to breathe deeply when the pain comes! I am going to rub your back. *A few minutes later everybody is in the delivery room.* DR. MONCADA—(*examining Mrs. Jiménez*) Everything seems normal. I'm going to give you a shot of a local anesthetic. Calm down, please. This is going to help you a lot. MRS. JIMENEZ—AYAYAY, Doctor, the pains are very strong! When am I going to give birth? DR. MONCADA—Soon. Your cervix is widely dilated so the baby is going to be born. Push, push with the contraction. MRS. JIMENEZ—Uf, uf, uf. Oh, my God, help me! DR. MONCADA—Please relax now. Get ready. Another contraction is coming. I see the baby is crowning and it is in a good position. MRS. JIMENEZ—What do you think the baby is? DR. MONCADA—It is coming out now! Yes, we will see! It is a little girl! How nice! Are you happy? MRS. JIMENEZ—Yes, I am very happy, Doctor! Can I see my little girl? Oh, how beautiful she is! Manuel, look at our little daughter! MANUEL—Yes, my love, she is very pretty! DR. MONCADA—You have to push a little more to push out the placenta. Push, push, please!

6. ¿Cómo debe respirar durante las contracciones?
7. ¿Qué hace el esposo para ayudarla?
8. ¿Por qué le ponen una inyección de anestesia local?
9. ¿Qué encuentra muy dilatado el doctor?
10. ¿Cuál es otra palabra para útero que usan los pacientes?
11. ¿Cómo es el parto?
12. ¿Qué tiene la Sra. Jiménez, un niño o una niña?
13. ¿Por qué debe pujar después de nacer el bebé?
14. ¿Qué desea hacer la Sra. Jiménez?
15. ¿Están contentos los padres, con la nueva hija?

La historia pediátrica

Estudie las preguntas entre sus compañeros y úselas en las entrevistas para obtener las historias pediátricas de sus pacientes.

ANTECEDENTES PERSONALES

1. ¿Cómo se llama el niño (la niña)?
2. ¿Cuántos años tiene?

IDENTIFYING DATA

What is the child's name?
How old is he/she?

ENFERMEDAD ACTUAL

1. ¿Por qué trajo al niño (a la niña) a la clínica?
2. ¿Cuánto tiempo hace que está enfermo(-a)?
3. ¿Cuáles son sus síntomas (problemas) ahora?

PRESENT ILLNESS

Why did you bring your child to the clinic?
How long has he/she been sick?
What are his/her symptoms now?

HISTORIA MEDICA DEL PASADO

1. ¿Cómo fue su embarazo y parto?
2. ¿Cuánto pesó el niño (la niña) al nacer?
3. ¿Cómo fue su desarrollo?
4. ¿Cuándo le salieron los dientes?
5. ¿A qué edad caminó?
6. ¿Cuándo empezó a hablar?
7. ¿Puede orinar y obrar solo(-a)?

8. ¿Ha estado alguna vez en el hospital?
9. ¿Qué enfermedades de la infancia ha tenido?

PAST MEDICAL HISTORY

How was your pregnancy and delivery?
How much did he/she weigh at birth?

How was his/her development?
When did her/his teeth come out?
At what age did she/he walk?
When did he/she start to speak?
Can he/she urinate and defecate by himself/herself?

Has he/she ever been hospitalized?
What childhood diseases has he/she had?

10. ¿Ha tenido . . .	*Has he/she had . . .*
la varicela?	*chickenpox?*
la tos ferina?	*pertussis?*
la difteria?	*diphtheria?*
el sarampión de diez días?	*measles?*
el sarampión de tres días?	*German measles?*
la meningitis?	*meningitis?*
11. ¿Ha tenido otras enfermedades?	*Has he/she had other sicknesses?*
el asma	*asthma*
la bronquitis	*bronchitis*
la infección del oído	*ear infection*
las convulsiones	*convulsions*
la fiebre reumática	*rheumatic fever*
la fiebre escarlatina	*scarlet fever*
12. ¿Ha recibido vacunas o inmunizaciones contra . . .	*Has he/she received vaccinations or immunizations against . . .*
la polio (poliomielitis)?	*poliomyelitis?*
DPT (difteria, pertusis, tétano)?	*DPT (diphtheria, pertussis, tetanus)?*
la viruela?	*smallpox?*
el sarampión?	*measles?*
las paperas?	*mumps?*
13. ¿Ha recibido la tuberculina?	*Has he/she received the T.B. test?*
14. ¿Tiene alergias?	*Does he/she have allergies?*

HISTORIA DE LA FAMILIA

FAMILY HISTORY

1. ¿Cómo es la salud de la madre?	*How is the mother's health?*
2. ¿Cómo es la salud del padre?	*How is the father's health?*
3. ¿Hay alguien en la familia con los mismos problemas?	*Is there anyone in the family with the same problems?*
4. ¿Hay alguien en la familia con . . .	*Is there anyone in the family with . . .*
la diabetes?	*diabetes?*
la hemofilia?	*hemophilia?*
el SIDA?	*AIDS?*
el asma?	*asthma?*
la enfermedad del corazón?	*heart problems?*
el cáncer?	*cancer?*
5. ¿Cuál es la ocupación del padre?	*What's the father's occupation?*
6. ¿Cuál es la ocupación de la madre?	*What's the mother's occupation?*
7. ¿Cómo es la casa donde vive el niño?	*What's the house like where the child lives?*
8. ¿Cuántas personas viven en la casa?	*How many people live in the house?*
9. ¿Va el niño a la escuela?	*Does the child go to school?*
10. ¿Con quién vive el niño, con la madre, con el padre, o con ambos?	*With whom does the child live, the mother, the father, or both?*

HISTORIA ALIMENTICIA PARA BEBES

1. ¿Toma el bebé el pecho o el biberón?
2. ¿A qué edad dejó de tomar el pecho?
3. ¿Come algunas comidas blandas?
4. ¿Toma algunas vitaminas?
5. ¿Tiene alergias a algunas comidas o a la leche?

FEEDING HISTORY FOR BABIES

Do you breastfeed the baby or do you give the bottle to the baby?

At what age did he/she stop breastfeeding?

Does he/she eat any soft foods?

Does he/she take any vitamins?

Is he/she allergic to any foods or to milk?

Una mamá con su bebé

Actividades

A. Conocimientos médicos sobre pediatría. Diga si las ideas siguientes son verdaderas o falsas. (Las respuestas están al final del capítulo.)

1. Hay una vacuna para cada una de las enfermedades de la infancia.
2. Todos los bebés deben recibir cuatro dosis de la vacuna contra la difteria, la pertusis, y el tétano, en el primer año de vida.
3. Los efectos secundarios de la vacuna contra el DPT son: irritabilidad, un poco de calentura e hinchazón donde le pusieron la inyección.

4. Existe un remedio casero contra la varicela.

5. La caída de la mollera corresponde en algunos casos a la deshidratación secundaria a una infección.

6. Las vacunas contra la difteria, el tétano y la tos ferina vienen en una sola inyección.

7. Hay que poner dos dosis de refuerzos° para el DPT, al cumplir un año y medio de vida y a los cuatro años. *boosters*

8. La vacuna contra la polio es oral.

9. La polio está erradicada en los Estados Unidos.

10. Las vacunas contra el sarampión, la rubeola y las paperas se ponen a los dieciocho meses de vida.

B. Presentando al paciente. Usando las preguntas de las historias pediátricas y obstétricas recién estudiadas, haga una entrevista corta entre un trabajador de salud y un/a paciente que visita su consultorio.

1. *Meningitis.* Una mujer visita el consultorio con un bebé de seis meses de edad. El niño ha tenido convulsiones después de una calentura muy alta (105°). Al examinarlo se observa que la cabeza está doblada hacia atrás y la nuca está tiesa. También hay señas de deshidratación porque la piel se ve seca.

2. *Anemia.* Un padre trae a un niño de cinco años que se queja de estar fatigado y de no tener ganas de comer, ni de jugar. El niño se ve pálido y el examen de la sangre hace constar un nivel bajo de hierro. El trabajador de salud receta pastillas de hierro y cambio en la dieta.

3. *Obesidad.* Un paciente tiene catorce años y viene a la clínica por un dolor de oídos, pero él también busca un tratamiento para la obesidad. Tiene muchos problemas emocionales. Añada las preguntas que considere necesarias para un adolescente.

4. *Embarazo.* Una mujer va a dar a luz en tres meses. Ella se queja de haber subido mucho de peso y de sentirse cansada y tener mucha hinchazón en los tobillos. También está orinando con más frecuencia ahora. Ya no tiene mareos ni los vómitos del principio del embarazo. Añada otras preguntas que crea necesarias para el último trimestre del embarazo.

5. *Contracepción.* Una mujer del campo viene a la clínica para buscar información sobre los métodos de control de la natalidad. Ella tiene ya ocho hijos y no desea tener más niños. Dé consejos sobre los distintos métodos tomando en cuenta la situación personal de la paciente: edad, dinero, etc. Incluya: el aparato intrauterino, el diafragma, la espuma y el condón, las pastillas anticonceptivas, la ligazón de tubos, la vasectomía y la esterilización. Hable de los efectos secundarios y ventajas y desventajas de cada uno.

C. Informe escrito. Haga un informe escrito sobre Pedrito López, un niño prematuro. La madre cuenta el caso cuando viene a la clínica: «Pedrito está aumentando de peso pero no lo suficiente. No quiere tomar el pecho cuando se lo ofrezco. No se ve sano. Parece que tiene una enfermedad viral y mucha congestión de la nariz. Le cuesta respirar y por eso no quiere mamar. Ya lleva una semana así, y no está mejorando. Me gustaría que me lo examinara y recetara algo para ayudarlo.»

Nombre del enfermo _____

Edad _____

Peso _____

Tamaño _____

¿Cuándo empezó el problema? _____

Descripción y señas

Cabeza _____

Boca _____

Oído _____

Garganta _____

Nariz _____

Tronco _____

Corazón _____

Pulmones _____

Otros síntomas o señas _____

_____

_____

_____

Comentarios _____

_____

_____

_____

La torcedura en el tobillo

La doctora María Cristina Soto ve a un niño que tiene una torcedura en el tobillo.

DRA. SOTO—¡Hola, Josecito! ¿Qué tal? ¿Cómo estás hoy?

JOSECITO—No muy bien, doctora, porque me lastimé el pie.

DRA. SOTO—¡Qué lástima! Díme, ¿cómo pasó todo eso?

JOSECITO—Pues, yo estaba andando en mi bicicleta cuando vino Julián y me tiró al suelo.

DRA. SOTO—¿Dónde te duele exactamente? Muéstrame con tu dedito.

JOSECITO—Aquí, aquí me duele en el tobillo. ¡AYAYAY, me duele mucho!

DRA. SOTO—A ver..., sí..., está inflamado. Díme, ¿puedes mover el pie? ¿Puedes andar?

JOSECITO—Sí, doctora, puedo andar y moverlo, pero me duele mucho.

DRA. SOTO—¿Puedes sentir mi dedo? ¿Sí? Está bien. Necesitamos una radiografía, que es una foto de tu pie. Vamos a ir a conocer a mi amigo que tiene una cámara grande y toma fotos muy bonitas. ¿Qué te parece?

JOSECITO—Bueno, pero espero que no me vaya a doler.

DRA. SOTO—No, no te va a doler. Tienes que estar tranquilito. ¡Cálmate!

Más tarde, con el resultado de la radiografía:

DRA. SOTO—Los rayos nos dicen que no tienes una fractura en tu tobillo, sólo una torcedura.

JOSECITO—¡Qué bueno! Entonces, ¿puedo jugar otra vez con mi amigo, Julián?

DRA. SOTO—Si, puedes jugar, pero tienes que tener mucho cuidado con tu pie. ¡Adiós, Josecito!

JOSECITO—¡Adiós, doctora!

Vocabulario

SUSTANTIVOS

los **rayos** *X-rays*
la **torcedura** *sprain*

VERBOS

andar en bicicleta *to ride a bike*
lastimarse *to hurt, to injure*

FRASES UTILES

¡Qué lástima! *What a pity*
tener cuidado *to be careful*

A sprained ankle. *Dr. María Cristina Soto sees a child with a sprained ankle.* DRA. SOTO—Hi, Josecito. How are you doing? How are you feeling today? JOSECITO—Not very well, Doctor, because I injured my foot. DRA. SOTO—What a pity! Tell me, how did it all happen? JOSECITO—Well, I was riding my bike when Julian came and threw me to the ground. DRA. SOTO—Where does it hurt you exactly? Show me with your little finger. JOSECITO—Here, it hurts me here, in the ankle. AYAYAY, it hurts (me) a lot! DRA. SOTO—Let's see . . . yes, it is inflamed. Tell me, can you move your foot? Can you walk? JOSECITO—Yes, Doctor, I can walk and I can move it, but it hurts (me) a lot. DRA. SOTO—Can you feel my finger? Yes? It is all right. We need an X-ray which is a picture of your foot. We are going to go and meet a friend of mine who has a big camera and who takes very nice pictures. What do you think? JOSECITO—Good! But I hope it won't hurt me. DRA. SOTO—No, it won't hurt you. You must be calm. Calm down, please! *Later on, with the results of the X-rays.* DRA. SOTO—The X-rays are telling us that you don't have a fracture in your ankle, only a sprain. JOSECITO—Great! Then, can I play with my friend Julian? DRA. SOTO—Yes, you can play but you have to be very careful with your foot. Good-bye, Josecito. JOSECITO—Good-bye, Doctor.

Preguntas de comprensión

1. ¿Qué problema tiene Josecito?
2. ¿Cómo pasó eso?
3. ¿Puede andar y mover el pie?
4. ¿Qué exámenes ordena la doctora Soto?
5. ¿Cuál es el resultado de la radiografía?

Actividad

Estudien algunas de las canciones infantiles que son rondas para cantar y danzar (*ejemplos:* «A la víbora de la mar», «El naranjero», «Doña Blanca», «Caballito blanco», «El manco,» «La muñeca tiene tos», etc.).

DUERME NEGRITO*

Duerme, duerme, negrito	*Sleep, sleep, little black boy*
que tu mamá, 'tá en el campo, negrito....	*your mommy is in the fields, little black boy. . . .*
Duerme, duerme, negrito	*Sleep, sleep, little black boy*
que tu mamá 'tá en el campo, negrito	*your mommy is in the fields, little black boy*
te va a traer codornices, para ti	*she will bring partridges for you*
te va a traer mucha cosa, para ti	*she will bring many things for you*
te va a traer carne de cerdo, para ti	*she will bring pork for you*
te va traer muchas cosas, para ti	*she will bring many things for you*
y si negro, no se duerme	*and if black boy doesn't sleep,*
viene diablo blanco y ¡zás!	*the white devil will come and zas!*
le come la patita	*he will eat the (little black boy's) foot*
yaccapumba, yaccapumba	
apumba, yaccapumba	
duerme, duerme, negrito	*sleep, sleep, little black boy*
que tu mamá 'tá en el campo,	*your mommy is in the fields,*
duerme, duerme, negrito	*sleep, sleep, little black boy*
que tu mamá 'tá en el campo	*your mommy is in the fields*

---

*Original poem by Nicolás Guillén. Lyrics and musical adaptation by Ignacio Villa. Present format, lyrics, and new musical adaptation by Victor Jara. Produced in 1976 by Monitor Records, 156 Fifth Avenue, New York, NY 10010.

negrito, negrito	*little black boy, little black boy*
trabajando, duramente	*she is working very hard*
trabajando, sí	*yes, she is working,*
trabajando, y no le pagan	*she is working and they don't pay her*
trabajando, sí	*yes, she is working,*
trabajando y va tosiendo	*she is working and she is coughing*
trabajando, sí	*yes, she is working,*
trabajando y va de luto	*she is working and she is in mourning*
trabajando, sí	*yes, she is working,*
pa'l negrito chiquitito	*for the little black boy*
pa'l negrito chiquitito, sí	*yes, for the little black boy*
no le pagan, sí	*they don't pay her, yes*
duramente, sí	*very hard, yes*
va tosiendo, sí	*she is coughing, yes*
va de luto, sí	*she is in mourning, yes*
duerme, duerme, negrito	*sleep, sleep, little black boy*
que tu mamá 'tá en el campo, negrito	*your mommy is in the fields, little black boy*

HISTORIAS ESPECIALIZADAS

El sistema cardiopulmonar: con el cardiólogo

La señora María Antonia Tamayo viene al consultorio° de la cardióloga, la doctora Violeta Martínez. Le explica que tiene un dolor de pecho°, hace dos semanas, y que este dolor le parece a ella como una punzada° donde está el corazón. Los síntomas habían ocurrido antes, pero ella los había ignorado, esperando que desaparecieran.° Sin embargo, ella ahora está muy preocupada° con el dolor de pecho. La doctora le recomienda que lea un folleto° que explica muy bien el dolor de pecho, y luego continúa con el examen físico. El folleto dice así:

doctor's office

chest pain

stabbing

they would go away; worried

booklet

Síntomas y señas del dolor de pecho de orígen cardíaco

1. dolor profundo° y agudo° en el corazón
2. sensación de dolor como de un puño apretado° en el pecho

deep; sharp

tight fist

3. el dolor se agudiza° al caminar y se alivia° al descansar   *gets sharper; gets relief*

4. dura más de un minuto y hasta menos de quince minutos

Otros factores que se asocian con el dolor

1. el dolor se mueve al hombro izquierdo, al brazo, al cuello, o
a la mandíbula°   *jaw*

2. el dolor viene con emociones fuertes o disgustos°   *unpleasantness*

Los síntomas de un ataque al corazón

1. dolor de pecho como el descrito anteriormente

2. falta de aliento° al caminar   *shortness of breath*

3. hinchazón de los tobillos

4. mareos

5. pérdida de conocimiento

6. palpitaciones

7. cansancio o fatiga sin causa°   *unexplained fatigue*

8. calambres° en las piernas   *cramps*

9. dificultad al respirar por las noches

10. presión arterial alta

La doctora le dice que es muy importante no arriesgarse a un
ataque al corazón y aprender a conocer las señas y síntomas. Le da
otro folleto para que aprenda a prevenir un ataque al corazón haciendo un cambio° en los hábitos de vida.   *change*

Preguntas de comprensión

1. ¿De qué se queja la señora María Antonia Tamayo?

2. ¿Cómo es el dolor de pecho?

3. ¿Había ocurrido el dolor de pecho en otra ocasión?

4. ¿Cuáles son las señas y síntomas de un dolor de pecho de orígen cardíaco?

5. ¿Qué otros factores se asocian con este tipo de dolor de pecho?

6. ¿Cuáles son los síntomas de un ataque al corazón?

7. ¿Cómo se puede prevenir un ataque al corazón?

8. ¿De dónde obtiene la información la paciente?

9. ¿Hace un examen físico la cardióloga?

10. ¿Qué otras enfermedades pueden tener el síntoma de dolor de pecho, según
sus conocimientos?

Actividades

A. Entrevista. *Usando las preguntas del sistema circulatorio en la Revisión por Sistemas de la Historia Médica General, seleccione las preguntas para una mujer que se queja de angina pectoris.* Ella sufre de anginas debido al espasmo° de las arterias coronarias y a un ateroma en una de las arterias. Le dan anginas cuando hace ejercicios° y también durante la noche. Está tomando nitroglicerina, lo que° le ayuda en el control del dolor. Ya le han hecho varios electrocardiogramas, la prueba de la fuerza°, y también una angiografía. Es posible que vaya a tener una angioplastía.

spasm

she exercises

which

treadmill, stress test

B. Discusión en grupos. *Estudien el siguiente caso y vean como se distinguen los dolores de pecho de una tuberculosis y de un ataque al corazón.* Es la primera visita a la clínica chicana de esta paciente que viene con una historia de tos por dos meses. Hace un mes que tuvo una hematosis que todavía° continúa hasta hoy. Le duele el pecho al toser° y el dolor le dura hasta veinte minutos. La paciente puede identificar el área del dolor con un dedo en un punto fijo°. El dolor cambia al respirar. No ha tenido fiebre y tiene historia de tuberculosis pulmonar que fue tratada hace seis años. Recientemente tuvo un catarro con rinorrea, tos y dolor de garganta. Pesa 110 libras. La preocupación actual es que la hematosis pueda representar una reactivación de la tuberculosis.

still

when coughing

fixed point

C. ¿Qué es el problema? Una muchacha de catorce años que pesa 250 libras ha tenido que ingresar en el hospital con un ataque de asma ya que no puede respirar. Tiene dolor en el pecho y necesita tratamiento para la respiración en emergencia, y medicamentos intravenosos para ayudarla a respirar.

En la historia de la familia, el padre era obeso y murió de un ataque al corazón cuando tenía veintiocho años. La madre también obesa, busca tratamiento para la diabetes. Se le ha recomendado a la niña que baje de peso y está en una dieta controlada por el hospital.

Puede haber complicaciones con el corazón, los pulmones, o la tiroides. ¿Qué cree Ud.?

Con el internista

Doña Ramona ha estado sintiéndose mal por varios días y con un dolor molesto° en la parte derecha de su abdomen. Ha notado también que le sube un poco la temperatura y aunque no es mucha la calentura, es persistente. Cuando empieza a notar que los ojos se le

nagging

ponen° amarillos decide visitar al doctor Santaella que es un   *become*
médico internista, a quien conoce muy bien. El doctor Santaella le
pregunta cómo cree que empezó todo y Doña Ramona le cuenta.

Preguntas de comprensión

1. ¿Dónde siente el dolor Doña Ramona?
2. ¿Cómo es la calentura?
3. ¿Cuándo decide visitar al Dr. Santaella?
4. ¿Qué cree Ud. que tiene Doña Ramona, según los síntomas que reporta?
5. ¿Qué hace el doctor Santaella para elicitar la perspectiva de la paciente?

Con el médico-internista

Cuestionario gastro-intestinal

Pensando en uno de los pacientes que haya visto en las Sesiones Clínicas o en otras
experiencias clínicas, use el siguiente cuestionario. Puede ser un caso de hepatitis,
de vesícula biliar, de úlceras, etc.

CUESTIONARIO GASTRO-INTESTINAL

Al paciente: Por favor, conteste todas las preguntas. Puede usar una *X* para indicar su respuesta de sí o no.

Problema principal _____

Fecha en que empezaron los síntomas _____

¿Tiene o ha tenido . . .	Sí	No
falta de apetito?	_____	_____
dificultad al comer?	_____	_____
agruras?	_____	_____
eruptos?	_____	_____
dolor de estómago?	_____	_____
dolor al obrar?	_____	_____
estreñimiento?	_____	_____
diarrea?	_____	_____
sangre en el excremento?	_____	_____

¿Tiene o ha tenido problemas con . . .		
el hígado?	_____	_____
el páncreas?	_____	_____
la vesícula biliar?	_____	_____
los intestinos?	_____	_____
el estómago?	_____	_____

	Cuándo	Dónde
¿Ha tenido operaciones deabdomen?	_____	_____
¿Le han tomado radiografías del tracto gastro-intestinal?	_____	_____
¿Le han hecho radiografía con enema de bario?	_____	_____

Actividades

A. ¿Son sus comidas saludables? Escriba en un papel la lista de las comidas que Ud. come y luego muéstrela a sus compañeros en pequeños grupos para discutir si sus comidas son saludables y balanceadas.

EL DESAYUNO	EL ALMUERZO	LA CENA
_____	_____	_____
_____	_____	_____
_____	_____	_____
_____	_____	_____
_____	_____	_____

PRODUCTOS LACTEOS   PROTEINAS

FRUTAS Y VEGETALES   CARBOHIDRATOS

Los cuatro grupos de alimentos

B. Trate de elicitar la historia gastro-intestinal con el caso siguiente.

Diagnosis   gastroenteritis febril, producida por agentes virales; salmonela determinada por cultivos de excrementos

Síntomas   náuseas; vómitos; fiebre y escalofríos; diarrea sin sangre; cólicos (calambres abdominales)

Examen físico   dolor al palpar el área abdominal; peritalsis hiperactiva

C. ¿La comida latina o la comida norteamericana? Discuta las ventajas y desventajas de cada comida. Piense en la comida mejicana, cubana, o puertorriqueña, y compárela con la norteamericana en cuanto a nutrición y a modos de preparación. Compare dietas típicas.

Con el urólogo: una infección en el tracto urinario 📼

El doctor Samuel Rodríguez, un urólogo, habla con un paciente que tiene una infección en el tracto urinario.

DR. RODRÍGUEZ—¿Qué hubo, señor Esquivel? ¿En qué puedo servirle?

SR. ESQUIVEL—Tengo muchos problemas al orinar.

DR. RODRÍGUEZ—Dígame, ¿cuáles son sus síntomas?

SR. ESQUIVEL—Es que . . . todos los días últimamente siento muchos deseos de orinar y lo mismo durante la noche.

DR. RODRÍGUEZ—Y¿ qué pasa cuando trata de orinar?

SR. ESQUIVEL—Es decir . . . que siento dolor.

DR. RODRÍGUEZ—¿Cómo es el dolor? ¡Descríbamelo, por favor!

SR. ESQUIVEL—Es como una sensación de ardor, y además, noto un líquido espeso que me sale del pene.

DR. RODRÍGUEZ—¡Entiendo! Debo examinarle las partes privadas. Acuéstese, por favor, y dígame si hay dolor cuando le toco.

SR. ESQUIVEL—Sí, doctor, me duele allí, en los testículos y todo alrededor del pene.

DR. RODRÍGUEZ—Está bien. Voy a ordenar un análisis de orina para saber de qué se trata. Sospecho que es una infección en el tracto urinario, causada por bacterias.

At the urologist: A urinary-tract infection. *Dr. Samuel Rodríguez, a urologist, talks to a patient who has a urinary-tract infection.* DR. RODRIGUEZ—What's up, Mr. Esquivel? How can I help you? (How can I assist you?) MR. ESQUIVEL—I have trouble when urinating. DR. RODRIGUEZ—What are your symptoms? MR. ESQUIVEL—For the past several days I feel like urinating often and the same happens at night. DR. RODRIGUEZ—And what happens when you try to urinate? MR. ESQUIVEL—The thing is . . . I feel pain (it hurts me). DR. RODRIGUEZ—What's the pain like? Describe it for me, please! MR. ESQUIVEL—It is like a burning sensation and in addition to that I notice a thick secretion that comes out of my penis. DR. RODRIGUEZ—I understand. I must examine your genitals. Please lie down and tell me if you feel any tenderness when I touch you. MR. ESQUIVEL—Yes, Doctor. It hurts me there in the testicles and all around the penis. DR. RODRIGUEZ—O.K. I'm going to order a urine test to see what it is (what we are dealing with). I suspect that this is a urinary-tract infection caused by bacteria.

Vocabulario

FRASES UTILES

además   *in addition to, moreover*
espeso, -a   *thick*
lo mismo   *the same thing*
de qué se trata   *what it is, what it is about*

las partes privadas   *genitals*
¿qué hubo?   *what's up?*

Preguntas de comprensión

1.   ¿Por qué viene el Sr. Esquivel a ver al Dr. Rodríguez?
2.   ¿Qué síntomas tiene?
3.   ¿Cómo es el dolor?
4.   ¿Dónde le duele cuando le tocan?
5.   ¿Qué análisis ordena el Dr. Rodríguez?

Actividades

A. Usando el modelo del cuestionario gastro-intestinal y las preguntas del Repaso por Sistemas de la Historia Médica General, construya su propio cuestionario genito-urinario con un compañero. El cuestionario debe incluir la queja principal, los síntomas del sistema genito-urinario, la historia médica del pasado, las enfermedades del sistema genito-urinario y las hospitalizaciones.

B. Dos infecciones del sistema urinario. Ud. tiene dos pacientes con problemas urinarios. Obtenga la información para cada situación formulando sus propias preguntas.

1.   una infección a la vejiga
    a)   la fecha del inicio de la dolencia
    b)   ardor/dolor al orinar
    c)   mal olor/cambios de color en la orina
    d)   dolor en el vientre bajo°   *lower abdomen*
    e)   aumento en la frecuencia de la orina
2.   una infección a los riñones
    a)   síntomas similares a la infección de la vejiga
    b)   síntomas parecidos a los de la influenza como dolores de cabeza, escalofríos, fiebre
    c)   vómitos o mareos
    d)   dolor en la cintura baja°   *waist*
    e)   dolor en el costado y el área abdominal

C. La historia sexual. Haga una entrevista médica a una persona que viene con problemas de impotencia sexual. Use las preguntas de la guía para hacer su historia sexual.

Antecedentes personales

    Nombre _____

    Edad _____

    Educación _____

    Ocupación _____

    Estado Civil: Casado, -a _____ Soltero, -a _____ Divorciado, -a _____

Salud

    Historia Médica del Pasado _____

    Historia de la enfermedad actual _____

    Síntomas _____

Actividades en general

    Deportes _____

    Pasatiempos (*hobbies*) _____

Educación Sexual

    padres _____

    amigos _____

    libros _____

    experiencias _____

Pubertad

    contactos sexuales _____

    usos de contraceptivos _____

    actitud frente al sexo _____

    actitud de la familia _____

    actitud de la iglesia _____

Relaciones como miembro de una pareja

    duración _____

    satisfacción _____

Otros comentarios _____

_____

_____

_____

Sistema Reproductivo

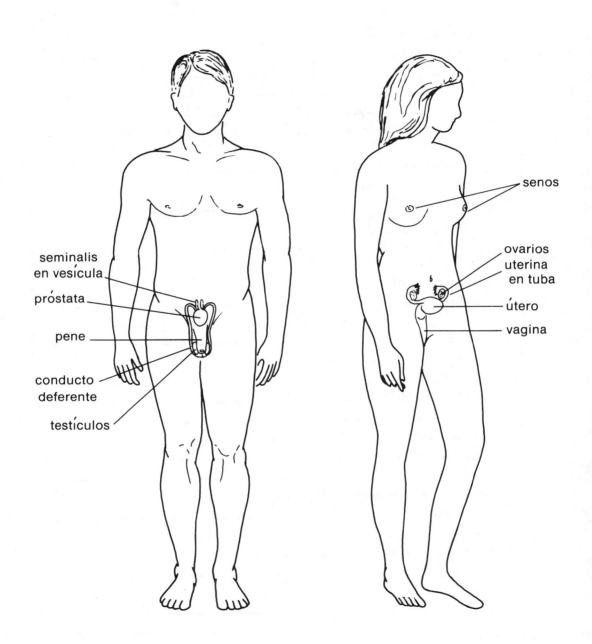

seminalis
en vesícula

próstata

pene

conducto
deferente

testículos

senos

ovarios
uterina
en tuba

útero

vagina

LAS ENFERMEDADES VENEREAS

La señorita Ochoa visita la clínica de la mujer y habla con una trabajadora de salud.

SRTA. OCHOA—Me gustaría hablarle de un problema. . . .

DRA. ESPINOZA—Sí, dígame, por favor.

SRTA. OCHOA—No sé cómo decirle. . . . Bueno, lo que pasa es que creo que tengo una enfermedad venérea.

DRA. ESPINOZA—Ah, sí, es muy bueno que haya venido. A ver, ¿qué síntomas tiene?

SRTA. OCHOA—Tengo una secreción en las partes privadas y siento mucho ardor al orinar.

DRA. ESPINOZA—¿De qué color es la secreción?

SRTA. OCHOA—Es verdosa o quizás amarillenta.

DRA. ESPINOZA—¿Sabe si sus compañeros sexuales tienen los mismos problemas?

SRTA. OCHOA—Yo no sabría decirlo. . . .

DRA. ESPINOZA—Puede tratar de encontrarlos y hablarles?

SRTA. OCHOA—Voy a tratar . . . ¿pero es necesario hacer todo esto?

DRA. ESPINOZA—Sí, señorita, porque ellos también necesitan tratamiento, especialmente si el examen de hoy y las pruebas confirman que Ud. tiene una enfermedad venérea.

SRTA. OCHOA—Está bien . . . entonces ¿me va a examinar?

DRA. ESPINOZA—Sí, por favor desvístase de la cintura para abajo. Vuelvo en unos minutos.

Vocabulario

SUSTANTIVOS

los **compañeros sexuales** *sexual partners*
las **partes privadas** *genitals*

ADJETIVOS

amarillento *yellowish*
verdoso *greenish*

FRASES UTILES

de la cintura para abajo *from the waist down*
desvístase *get undressed*
lo que pasa es. . . *what is happening is. . .*
yo no sabría decirlo *I would not know about that*

Venereal diseases. *Miss Ochoa visits the women's clinic and talks to a health care worker.* MISS OCHOA—I would like to talk to you about a problem. . . . DR. ESPINOZA—Yes, tell me, please. MISS OCHOA—I don't know how to tell you. . . . Well, what happens is that I think I have a venereal disease. DR. ESPINOZA—Ah, yes. It's very good that you came! Let's see . . . what symptoms do you have? MISS OCHOA—I have a vaginal discharge and I feel a burning sensation when urinating. DR. ESPINOZA—What color is the vaginal discharge? MISS OCHOA—It's greenish or perhaps yellowish. DR. ESPINOZA—Do you know if your sexual partners have the same problems? MISS OCHOA—I would not know. . . . DR. ESPINOZA—Can you try to find them and talk to them? MISS OCHOA—I'm going to try . . . but is it necessary to do all that? DR. ESPINOZA—Yes, miss, because they also need treatment, especially if the physical exam today and the lab tests confirm that you do have a venereal disease. MISS OCHOA—All right. Then, are you going to examine me? DR. ESPINOZA—Yes, please get undressed from the waist down. I'll be back in a few minutes.

Preguntas de comprensión

1.   ¿Qué problema cree que tiene la señorita Ochoa?

2.   ¿Cuáles son los síntomas?

3.   ¿De qué color es la secreción?

4.   ¿Tienen sus compañeros sexuales los mismos problemas?

5.   ¿Por qué es necesario encontrarlos?

GLOSARIO DE ENFERMEDADES VENEREAS

	SINTOMA	EFECTOS	PRUEBAS	TRATAMIENTO
LA GONORREA	ardor al orinar, líquido amarillento, mal olor, llagas, dificultad al orinar	dolor del vientre, infertilidad en la mujer, ceguera en los niños recién nacidos	sangre orina secreción	antibióticos
LA SIFILIS	ardor al orinar, lesiones o llagas en el miembro o vagina, chancro, secreción	daños al corazón y al cerebro, parálisis, locura, muerte	sangre secreción	antibióticos por tres semanas
EL HERPES GENITAL	ardor al orinar, granitos con picazón, ampollas con fluído	heridas ulceradas	sangre	incurable
EL SIDA	pérdida de peso, sudores nocturnos, fiebre, tos seca, diarrea, fatiga, moretones, inflamaciones de glándulas linfáticas	muerte eventual	sangre	tratamiento mantenido; incurable

El SIDA

El SIDA° (síndrome de inmuno deficiencia adquirida) es una enfermedad causada por un virus que destruye el sistema inmunológico° del cuerpo y el sistema nervioso central. Esto hace que el cuerpo quede° vulnerable a recibir el impacto de cualquier° enfermedad que lo ataque. El SIDA se contrae por medio de° las relaciones sexuales y con el uso de drogas intravenosas que llevan el virus directamente a la sangre. No es una enfermedad adquirida con el contacto casual entre personas, ya que tiene que haber° un contacto íntimo, por medio de la sangre. En 1987 se seleccionó al AZT como el único medicamento autorizado por el FDA para combatir° la enfermedad y para esto se harán pruebas para ver si, en efecto°, puede prevenir la enfermedad a personas que ya estén infestadas por el virus. Estas personas son aquéllas° que están infestadas, pero todavía no demuestran síntomas de estar sufriendo de la enfermedad. Se cree que otros medicamentos, como el Ribavirin, el Interferon, el Aerosol Pentamidina, pudieran° ser útiles°, pero su uso no está aprobado en los Estados Unidos, aunque° hay otros países que los aceptan.

    El virus HIV (HTLV-III) fue descubierto y aislado° como el causante del SIDA sólo en el año 1984, y todavía hay mucho que aprender sobre° su modo de operación y destructibilidad°. Hay dos tipos de víctimas del SIDA conocidos hasta hoy° (las siglas° de estos nombres son en inglés):

1. El *PWA*°, o persona con el SIDA.
2. *ARC*°, o persona con el complejo relacionado al SIDA.

    Hay varias enfermedades, llamadas «oportunistas», que invaden el cuerpo afectado con el SIDA. Algunas son: la tuberculosis, la pneumonía de Pneumocystis carinii, y el sarcoma de Kaposi.

    La alarma generalizada° que ha causado esta enfermedad incurable, hasta la fecha°, ha hecho que algunos países latinos hayan organizado campañas masivas de educación sexual. Se pueden ver algunos carteles° que dicen:
Con el SIDA no hay Vida.
Yo amo con condón.
El amor no es casual.

Glosas en el margen:
- AIDS
- immune system
- remains; any
- is contracted by means of
- since there must be
- to fight
- in fact
- those
- might be; useful
- although
- isolated
- about; how to destroy it known until today; initials
- person with AIDS
- AIDS related complex
- generalized fear
- until today
- posters

Preguntas de comprensión

1. ¿Qué es el SIDA?
2. ¿Cómo se contrae?
3. ¿Por qué ocurre la transmisión durante las relaciones sexuales?

4. ¿Por qué se transmite también con el uso de drogas intravenosas?
5. ¿En qué condiciones se usará el AZT?
6. ¿Cuándo se descubrió el virus HIV (HTLV-III)?
7. ¿Cuáles son los dos tipos de víctimas del SIDA?
8. ¿Cómo funciona el virus con las enfermedades oportunistas?
9. ¿Qué han hecho algunos países latinos para educar a la población?
10. ¿Qué les parecen estos carteles del SIDA?

RESPUESTAS A LAS ACTIVIDADES DEL CAPITULO

A. Conocimientos médicos sobre pediatría.

1) F   2) F   3) V   4) F   5) V   6) V   7) F   8) V   9) V *(except for vaccine-associated or imported cases)*   10) F

6 La salud mental de los pacientes latinos

INTRODUCCION A LA SALUD MENTAL DE LOS LATINOS

La salud mental

Mucho se habla de que los pacientes latinos, en general, no utilizan los servicios de salud mental disponibles° en la comunidad. Tratemos de pensar en algunas de las razones. Es posible que sea:

available

1. la falta de° recursos económicos

   lack of

2. la falta de comunicación entre psicólogos y pacientes debido° al uso de un lenguaje y una cultura diferente

   due to

3. la existencia de otros recursos° en la comunidad, como los curanderos, los sacerdotes, y la familia.

   resources

Es importante recordar que los pacientes latinos son muy diversos en sus modos de conceptualizar la salud y la enfermedad y que aunque hayan algunos conceptos en común que arrancan° de la cultura (latina, indígena, africana), hay muchas diferencias en los modos de concebir la enfermedad/salud, según° el grado de aculturación del paciente o el grado de adaptación a la cultura anglosajona principal. De este modo, algunos de los pacientes latinos más adheridos° a las costumbres tradicionales con respecto a la salud/ enfermedad tendrán la tendencia a utilizar los servicios de los curanderos, quienes actúan como los verdaderos psiquiatras del barrio, atendiendo° a la salud mental. Los curanderos, por lo general, se enfocan en los problemas sociales, emocionales, y hasta financieros y legales, con destrezas° y aptitudes variables. Por otro lado°, los pacientes más aculturados optarán por usar al médico de cuidado primario (médico de la familia, pediatras, etc.) como los profesionales más adecuados para sus problemas mentales o psicosomáticos, en un esfuerzo por acercarse a los recursos de la medicina moderna. Esto no significa que en algunos casos ambos° tipos de pacientes puedan usar los servicios de la medicina tradicional (curandero/santero) y de la medicina moderna (médicos de cuidado primario) si se encuentran en una situación de insatisfacción en la resolución de algún problema de salud.

start from

according to

closer to

taking care of

skills
on the other hand

both

Con frecuencia se encuentran a pacientes latinos, que somatizan enfermedades mentales en una clínica de Medicina Familiar o en una sala de emergencia de un hospital. Si las enfermedades mentales son del tipo «*borderline*» (intermedias entre lo físico y lo psicológico), el médico de cuidado primario las podrá manejar°, pero si son síndromes psiquiátricos mayores como esquizofrenia,

will be able to handle

psicosis, neurosis, y paranoias, entonces, las referirá al psiquiatra, al psicólogo, o al consejero° profesional.   *counselor*

En el caso en que los pacientes crean que necesitan alguna intervención médica debido a una crisis psicológica, es muy posible que elijan ir a una sala de emergencia. ¿Por qué? La razón es cultural, ya que es mucho más aceptable en la cultura admitir un problema físico que uno psicológico, y a veces hasta menos aterrorizador°.   *frightening*

La cultura latina, dentro de los Estados Unidos, está en un estado constante de cambio y en tensión y por eso° es muy difícil hacer generalizaciones que cubran° todas las diferentes variaciones de la cultura latina. Existen diferencias entre los tres grupos principales: los cubanos, los puertorriqueños, los mejicanos, y todavía hay más entre los otros grupos de latinos, como los españoles y otros latino-americanos. A causa° de la diversidad existente entre los grupos, no es fácil comprender a los latinos y por eso es muy común incurrir en estereotipos que de una manera superficial, organizan un modo simple de pensar con respecto a diferencias culturales.   *that's why*   *cover*   *due to*

Hay diferencias entre los grupos latinos en lo que° se refiere a posiciones geográficas, sus respectivas historias, sus afiliaciones generacionales, sus situaciones socio-económicas, y para hacer las cosas aún más° complejas, existen todavía° más diferencias en el interior de cada grupo.   *as far as*   *even more; yet*

¿Por qué es importante para los profesionales de la salud conocer esta diversidad? Pues, porque la atención médica es un hecho individual y muchas veces cuando la cultura se desconoce, se puede caer° en el error de confundir cultura con idiosincracia. En otras palabras°, la cultura puede dictar normas de conducta en común, pero cada paciente es un ser° individual que decide adherirse o acercarse a los patrones de conducta de su cultura, según su manera individual. Esto lo hace de un modo deliberado o inconsciente.   *fall*   *in other words*   *being*

Para poder aumentar° las posibilidades de éxito° al tratar a pacientes latinos con problemas mentales, es necesario desarrollar diferentes estilos de entrevistas, y todas con apertura cultural en que los elementos sociales, familiares, ocupacionales, religiosos y espirituales sean incluídos. Sería importante tratar de elaborar un modelo de entrevista psico-social con énfasis en los factores indicados anteriormente°, ya que° la evidencia demuestra que la percepción de la salud física y mental es profundamente social en el caso de los pacientes latinos.   *increase; success*   *previously shown; since*

Para los latinos, un individuo enfermo es visto como un eslabón° en una cadena°. Es decir es como una parte de un grupo social, siendo el grupo, la familia o la comunidad a que pertenece, lo más importante.   *link; chain*

Preguntas de comprensión

1. ¿Cuáles son algunas de las razones por qué los pacientes latinos no utilizan los servicios de salud mental disponibles en la comunidad?

2. ¿Cómo conciben la salud y la enfermedad, los pacientes latinos?

3. ¿A quiénes utilizan los pacientes más adheridos a costumbres tradicionales?

4. ¿Qué tipos de problemas atienden los curanderos y santeros?

5. ¿A quiénes utilizan los pacientes más aculturados?

6. ¿En qué casos utilizan tanto la medicina tradicional como la medicina moderna?

7. ¿Por qué es común encontrar a pacientes que somatizan enfermedades mentales en una clínica de Medicina Familiar?

8. ¿Qué casos puede manejar el médico de cuidado primario y cuáles referirá a un especialista?

9. ¿Cuándo eligen ir los pacientes latinos a una sala de emergencia?

10. ¿Por qué van allí en una crisis?

11. ¿Cómo es la cultura latina dentro de los Estados Unidos?

12. ¿Cuáles son los grupos principales de latinos?

13. ¿Por qué se incurre en estereotipos con los latinos?

14. ¿Cuáles son algunos ejemplos de estas diferencias entre los grupos latinos?

15. ¿Existen diferencias dentro° de los grupos de cubanos, mejicanos o puertorriqueños?   *within*

16. ¿Por qué es importante que los profesionales de la salud sepan de estas diferencias?

17. ¿Qué aspectos deberían incluirse en una entrevista psicosocial para los pacientes latinos?

18. ¿Qué significa para los latinos, un individuo enfermo?

19. ¿Cómo es la percepción de la salud física y mental en los pacientes latinos?

20. ¿Por qué debe el trabajador de salud considerar la cultura pero también proveer atención médica en forma individual?

Un cuestionario para los pacientes mentales

Utilice la siguiente guía de preguntas para entrevistar a un paciente *«borderline»* (intermedio entre lo físico y lo psicológico).

QUEJA PRINCIPAL	**CHIEF COMPLAINT**
¿Cómo cree Ud. que yo pueda ayudarle hoy?	*How do you think I can be of help to you today?*
FACTORES QUE PRECIPITARON LA CRISIS	**FACTORS AFFECTING THE CRISIS**
¿Qué estaba haciendo Ud. cuando se sintió mal?	*What were you doing when you felt sick?*
HISTORIA MEDICA DEL PASADO	**PAST MEDICAL HISTORY**
¿Qué enfermedades ha tenido en el pasado?	*What illnesses have you had in the past?*
¿Usa drogas o medicamentos en la actualidad?	*Do you use drugs or medicines at the present time?*
¿Ha tenido períodos difíciles en que se ha sentido muy mal emocionalmente?	*Have you had difficult periods in which you have felt emotionally upset?*
¿Ha consultado a un psicólogo, psiquiatra, o consejero antes?	*Have you ever seen a psychologist, a psychiatrist, or a counselor?*
HISTORIA DE LA FAMILIA	**FAMILY HISTORY**
¿Ha habido en su familia alguna persona con . . .	*Has there ever been anyone in your family with . . .*
depresión?	*depression?*
ansiedad?	*anxiety?*
psicosis?	*psychosis?*
alcoholismo?	*alcoholism?*
¿Cómo son sus relaciones con su familia?	*How are your (personal) relationships with your family?*
¿Recibe Ud. ayuda moral de sus padres, hermanos?	*Do you get moral support from your parents, siblings?*
¿Le ayudan emocionalmente sus amigos o la iglesia?	*Do you get emotional support from your friends or your church?*
EVALUACION DE SALUD MENTAL	**MENTAL HEALTH STATUS**
¿Cómo se llama Ud.?	*What's your name?*
¿Cuántos años tiene Ud.?	*How old are you?*
¿Cuándo nació Ud.?	*When were you born?*
¿Dónde está Ud. ahora?	*Where are you now?*
¿Por qué está Ud. aquí?	*Why are you here?*

¿Quién soy yo?	*Who am I?*
¿Qué día es hoy?	*What day is it today?*
¿Qué año es este?	*What year is this?*

RECONOCIMIENTO DEL DOLOR DEL PACIENTE

ACKNOWLEDGMENT OF PAIN

Debe ser terrible sentirse tan solo.

It must be terrible to feel so lonely.

Puedo imaginarme su dolor al sentirse tan abandonado.

I can imagine your pain at feeling so abandoned.

CONSIGUIENDO LA COOPERACION DEL PACIENTE

OBTAINING THE COOPERATION OF THE PATIENT

Como ésta es sólo una sala de emergencia, yo necesito su ayuda para continuar su cuidado médico.

Since this is only an emergency room, I need your help to continue your medical care.

¿Me puede dar un poco de información?

Can you give me some information?

¿Ve Ud. a un consejero o psicólogo?

Are you seeing a counselor or psychologist?

DÁNDOLE AL PACIENTE UNA TAREA

ASSIGNING THE PATIENT A TASK

Tiene que hacer una cita para ver al médico quien le puede ayudar más.

You have to make an appointment with the physician who can help you more.

Actividades

A.¿Verdad o falso? Lea las frases siguientes y decida si las ideas son verdaderas o falsas. Respuestas están al final del capítulo.

1. Los latinos ven la enfermedad mental como el resultado de mecanismos biológicos desordenados°, solamente. *disorderly*

2. Algunos latinos piensan que enfermedades las causan entidades sobrenaturales°. *supernatural beings*

3. El concepto de enfermedad como una falta de armonía y ruptura del equilibrio en los elementos del cuerpo ha desaparecido° en la actualidad. *has disappeared*

4. Las enfermedades folklóricas, como el susto, el mal de ojo, están basadas en creencias que indican fallas° en las relaciones interpersonales. *failures*

5. La santería es un culto afro-cubano que cree que las fuerzas sobrenaturales del universo influencian males físicos y desórdenes emocionales en las personas.

6. El curandero° es visto° como el psiquiatra del barrio.   *folk healer; is seen*

7. Los pacientes latinos nunca buscan ayuda médica cuando perciben que sus problemas son de orígen mental.

8. La depresión es una enfermedad psicológica leve°.   *light, not serious*

9. La evidencia demuestra° que hasta° el 80% de los problemas de salud son generados por problemas psico-sociales.   *shows; up to*

10. Algunas dolencias que los curanderos y santeros enfocan° son similares a las enfermedades tratadas° por psiquiatras.   *concentrate upon* / *treated*

B. Entrevista. Una mujer viene a la clínica de Medicina de la Familia después de haber tenido varios episodios de desmayos en su casa. Entrevístela tratando de ver si es un problema neurológico. Otros síntomas a considerar son: dolores de cabeza frecuentes, vértigos, entumecimiento y depresión. Averigue la historia social y descubra que es una madre soltera, con muchas presiones en el trabajo, y que está muy aislada de amigos o parientes. Ordene un encefalograma y decida un diagnóstico después de obtener resultados y completar su entrevista.

«Los nervios»: una condición psico-somática

Los nervios

La condición llamada «los nervios»° por los pacientes latinos tiene los siguientes síntomas: dolor en el pecho, ansiedad, falta de aliento°, orina excesiva, y hasta desmayos. El hecho de atribuir la ansiedad a una causa física o neurológica resulta mucho más acep-   *nerves* / *shortness of breath* table en la cultura que tiene miedo de reconocer° el colapso mental. | *to admit*

    Ahora haga una entrevista psico-social a un anciano° de setenta y cinco años, que viene con la queja de «nervios». Se siente alterado° y nervioso después de un incidente en el campo en que una víbora° trató de morderlo° en el pie. Hágale un examen físico, para asegurarse° de que no hay señas de mordedura de víbora y luego refiéralo a un consejero profesional para el tratamiento de ansiedad.° | *elderly man* / *agitated* / *snake* / *to bite him* / *to make sure* / *anxiety*

La tensión emocional

Los trabajadores de la salud de atención médica primaria se encuentran a menudo° con enfermedades psico-somáticas que son provocadas por la alta tensión emocional (o estrés). Las enfermedades psico-somáticas (psiquis = mente; soma = cuerpo) envuelven° la mente° y el cuerpo y son reales sus manifestaciones físicas. | *often* / *involve; mind*

¿Cómo funciona esto?

La tensión emocional comienza con un evento perturbador° que saca° a la persona de su equilibrio y rutina diaria (por ejemplo, la muerte de un ser querido°, la pérdida de un empleo°). Al evento, le sigue una reacción emocional como miedo°, rencor, inseguridad. Estas emociones desencadenan° unas respuestas fisiológicas en el organismo. Respuestas típicas son: tensión en los músculos, digestión alterada, presión alta, dolor de cabeza, mareos, etc. Si estas reacciones se prolongan por un período de tiempo demasiado largo°, puede desarrollarse° una enfermedad física, por hacerse un daño° al organismo. Debido a lo que la mente° ha experimentado con el evento perturbador, el cuerpo ha cambiado° su fisiología normal y por eso una verdadera enfermedad puede precipitarse. | *disturbing event* / *removes* / *loved one; loss of a job* / *fear* / *release* / *too long; develop* / *harm; mind* / *has changed*

ENFERMEDADES ASOCIADAS CON LA TENSION EMOCIONAL

el **ataque al corazón** *heart attack*	las **alergias** *allergies*
el **embolismo**, la **embolia**, el **ataque cerebral** *stroke*	las **migrañas** *migraines*
	el **dolor de espalda** *backache*
el **cáncer** *cancer*	el **asma** *asthma*
las **úlceras** *ulcers*	la **fiebre del heno** *hayfever*

Preguntas de comprensión

1. ¿Qué encuentran a menudo los trabajadores de salud que se dedican a la atención médica primaria?
2. ¿Qué provocan las enfermedades psico-somáticas?
3. ¿Qué son las enfermedades psico-somáticas?
4. ¿Cómo funciona la tensión emocional?
5. ¿Qué eventos pueden provocar la tensión emocional?
6. ¿Qué sigue al evento perturbador?
7. ¿Cuáles son algunas respuestas fisiológicas ante el estrés o tensión emocional?
8. ¿Qué pasa si las reacciones se prolongan por un tiempo largo?
9. ¿Por qué se puede producir un daño real al organismo?
10. ¿Cuáles son algunas enfermedades asociadas con la tensión emocional?

Actividades

A. Aprendiendo a controlar la tensión emocional. Por medio de algunos ejercicios de relajación y respiración, aprenda a controlar la tensión emocional. Siéntese cómodamente y haga los ejercicios de respiración.

1. *Respiración diafragmática*
   a) Respire lentamente hacia adentro° mientras relaja los músculos abdominales.   *inhale*
   b) Respire lentamente hacia afuera° mientras contrae los músculos abdominales.   *exhale*
2. *Respiración completa del yoga*
   a) Lentamente respire hacia adentro, llenando de aire los pulmones en la parte baja, central, y alta.
   b) Exhale lentamente, soltando el aire, desde la parte alta, central, y baja de sus pulmones.
3. *Ejercicios para la tensión del cuello°*   *neck*
   a) Baje° su barbilla° hasta tocar el pecho° y quédese en esa postura por unos segundos.   *lower; chin; chest*
   b) Levante° su barbilla hacia arriba°, mirando el techo, mientras siente los músculos de la garganta° estirándose°.   *raise; up high*   *throat; stretching*
   c) Baje la cabeza hacia el hombro derecho, tratando de tocarlo° con su oreja.   *touch it*
   d) Vuelva la cabeza hacia el centro y después de unos segundos, baje la cabeza, hasta tocar el hombro izquierdo. No suba° el hombro hasta su oreja, sino que baje° su cabeza hasta el hombro.   *don't lift; but lower*
   Repita la serie tres veces.

Las doce posturas del saludo al sol

4. *Ejercicios para la tensión de los hombros*

   a) Levante los hombros hacia las orejas, causando tensión muscular. Sostenga° esa postura por unos segundos mientras respira hacia adentro.   *hold*

   b) Relaje los hombros y suelte° la respiración.   *release*

   c) Levante los hombros hacia adelante°, haciendo círculos con los hombros (tres veces).   *forward*

   d) Repita los círculos con los hombros en la dirección contraria (tres veces).

5. *Posturas del yoga*

Practique las posturas indicadas en los dibujos, mientras respira lentamente, alternando la inhalación con la exhalación.

B. ¿Qué hacer para impedir molestias emocionales serias y depresión? Organice actividades para controlar la tensión emocional entre un grupo de pacientes ancianos, a quienes Uds. dirigen en un grupo de apoyo de una clínica geriátrica.

Los ancianos

1. Dé una charla° con diapositivos° sobre la depresión desde el punto de vista° de la medicina geriátrica.   *talk; slides*   *point of view*

2. Estimule una discusión entre los ancianos considerando los puntos siguientes:

   a) ¿Cómo utilizan su tiempo libre?

   b) ¿Qué actividades de trabajo o altruístas incluyen en un día, una semana, o un mes?

   c) ¿Qué intereses o pasatiempos° tienen o les gustaría tener? (música, pintura, costura°, bailes°, carpintería, etc.)   *pastimes*   *sewing; dancing*

   d) ¿Qué sistemas de apoyo° tienen en la familia o en la iglesia?   *support systems*

e) ¿Qué proporción del tiempo utilizan para hablar con amigos o familiares?

f) ¿Qué cantidad de tiempo toman para recordar° o visualizar eventos hermosos del pasado?   *to reminisce*

g) ¿Qué hacen para desarrollar el sentido del humor y una visión optimista de las cosas? Por ejemplo, ¿leen revistas° humorísticas, buscan amistades° optimistas, etc.?   *magazines*   *friends*

C. Enfermedades psico-somáticas. Lean las dos viñetas siguientes y haga una entrevista psico-social para uno de los casos.

1. Una paciente puertorriqueña de cincuenta y siete años de edad, recién° viuda, se presenta con esta queja: cree que ha tenido un ataque al corazón, porque durante la noche experimentó° palpitaciones rápidas del corazón y una sensación de desmayo. No está segura si se desmayó o se quedó dormida° con el dolor agudo en el pecho. Ud. ordena los exámenes necesarios para hacer un diagnóstico cardiológico, pero sospecha° que los síntomas son psico-somáticos, y por eso, la entrevista se enfoca en un caso de ansiedad derivada de la tensión emocional, debido a la reciente viudez.   *recently*   *felt*   *fell asleep*   *suspect*

2. Una paciente mejicana tiene muchos problemas emocionales en su familia interracial. Su esposo es japonés° y sus dos hijas grandes acaban de dejar la casa porque se casaron°. La paciente se presenta en la Clínica de Medicina Familiar quejándose° de claudicación intermitente en las piernas. Ud. la examina y determina si el caso es neurológico o de orígen psico-somático.   *Japanese*   *got married*   *complaining*

LA ENTREVISTA PSIQUIATRICA

Una visita a la psiquiatra

La doctora psiquiatra, María Rodríguez, quien es bilingüe y bicultural, habla con un paciente latino que tiene los síntomas de una grave depresión. Note como la doctora toma en cuenta el contexto socio-cultural y sus preguntas clínicas no ocupan el foco principal de la conversación, sino que «fluye» hacia ellas, tras una aparente informalidad.

DRA. RODRÍGUEZ—Buenas tardes, señor Leñero. ¿Cómo ha estado Ud. y su familia?

SR. LEÑERO—Pues, ya verá, doctora, ni yo sé cómo estoy. Ando muy confundido y parece que voy perdiendo la memoria.

DRA. RODRÍGUEZ—(*con humor*) Bueno, pero se acuerda de su esposa, ¿verdad? Ud. sabe que está casado.

SR. LEÑERO—(*respondiendo con humor*) Ah, eso sí, doctora, ¡cómo no! Si no me acuerdo, ella me mata.

DRA. RODRÍGUEZ—Está bien. Entonces, dígame, ¿cómo se ha sentido con las medicinas que le di la última vez?

SR. LEÑERO—Pues, creo que me han hecho peor, doctora. Ahora siento mucho dolor en las coyunturas, me duelen los huesos y casi no puedo andar porque siempre estoy cansado, fatigado. (*hablando muy débilmente*) Ayer . . . no vino mi hija, María.

DRA. RODRÍGUEZ—(*notando la digresión*) Su hija está en Miami, trabajando, y no puede venir a verlo todavía, pero ya la verá Ud. para Navidad. En cuanto a la medicina . . . .

SR. LEÑERO—(*visiblemente irritado*) Yo no quiero ninguna medicina, porque no me ayuda. ¿Por qué no le dice Ud. a mi hija que venga?

DRA. RODRÍGUEZ—Cálmese, señor Leñero. Vamos a pedirle a su esposa que llame a su hija por teléfono hoy. ¿Está bien? Ahora, dígame, ¿cuándo empezó el dolor en las piernas?

Vocabulario

SUSTANTIVOS

las **coyunturas** *joints*

VERBOS

fluir *to flow*

ADJETIVOS

grave *serious*

FRASES UTILES

en cuanto *as far as*
tomar en cuenta *take into account*
tras *behind*

A visit to the psychiatrist. *The psychiatrist, Maria Rodríguez, who is bilingual and bicultural, speaks with a Latino patient who has the symptoms of a deep depression. Note how the doctor takes into account the socio-cultural context, and her clinical questions are not the principal focus of the conversation. She "flows" into them, by means of an apparent informality.* DR. RODRIGUEZ—Good afternoon, Mr. Leñero. How have you been? And your family? MR. LEÑERO—Well, as you will see, Doctor, I don't even know how I am myself. I am very confused and it seems like I'm losing my memory. DR. RODRIGUEZ—(*with humor*) Fine, but you remember your wife, right? You know that you are married. MR. LEÑERO—(*responding with humor*) Oh, yes, Doctor, certainly. If I didn't remember, she would kill me. DR. RODRIGUEZ—That's all right, then. Tell me how have you felt with the medicines I gave you last time? MR. LEÑERO—Well, I think that they have made me worse, Doctor. Now I have much pain in my joints, my bones ache, and I almost can't walk because I'm always very tired, fatigued. (*speaking faintly*) Yesterday . . . my daughter, Mary, didn't come. DR. RODRIGUEZ—(*noticing the digression*) Your daughter is in Miami. She is working and she can't come to see you yet, but you will see her for Christmas. As far as the medicine. . . . MR. LEÑERO (*visibly irritated*) I don't want any medication because it doesn't help me. Why don't you tell my daughter to come? DR. RODRIGUEZ—Calm down, Mr. Leñero. We are going to ask your wife to call your daughter today. Is that all right? Now, tell me when did the pain in your legs start?

Preguntas de comprensión

1. ¿De qué se queja el señor Leñero?
2. ¿Cómo se ha sentido con la medicina que le dio la doctora Rodríguez?
3. ¿A quién quiere ver él?
4. ¿Por qué no quiere tomar la medicina?
5. ¿Qué sugiere la doctora para calmar al paciente?

Una madre en una sesión de psicoterapia

Cuestionario para una entrevista psiquiátrica

Haga una entrevista psiquiátrica utilizando las siguientes preguntas como modelo. Convierta las categorías en preguntas simples.

Datos de identificación del paciente:

                         Modelo

   Nombre   ¿Cómo se llama Ud.?

    Edad°   _____   *age*

    Ocupación   _____

    Educación   _____

    Situación socio-económica   _____

Fuentes de información   Sí   No

   Entrevista   _____   _____

   Notas de ingresos previos   _____   _____

   Familiares   _____   _____

Síntomas, señas del episodio actual

   depresión   _____

   ansiedad   _____

   falta de energía   _____

   lentitud o retardo del pensamiento°   _____   *slow thinking process*

   falta de concentración   _____

   pérdida de memoria   _____

   falta de sueño°   _____   *lack of sleep*

   ideas de persecución   _____

   delirios   _____

   alucinaciones   _____

   incapacidad física   _____

Antecedentes psiquiátricos

   Síntomas psico-patológicos de la niñez   _____

   Tensión emocional prolongada   _____

   Episodios depresivos anteriores   _____

   Episodios maníacos anteriores   _____

   Comienzo del episodio actual   _____

Tratamiento del episodio actual

    Psicoterapia (método Gestalt,

    centrado en la persona, etc.)   _____

    Medicamentos   _____

Diagnóstico y clasificación

    Esquizofrenia   _____

    Psicosis maníaco-depresiva   _____

    Psicosis afectiva   _____

    Depresión   _____

    Desorden de la personalidad   _____

Comentarios: _____

_____

_____

_____

_____

_____

_____

_____

La psicoterapia y el curanderismo

Hay muchas semejanzas entre la psicoterapia y el curanderismo, puesto que° ambas tratan de aliviar° al paciente con problemas mentales y emocionales. Sin embargo, sus diferencias son más de caracter cultural que de caracter científico, ya que ambas se basan en valores culturales importantes a cada cultura. La psicoterapia está basada en valores anglosajones que dan gran énfasis al individuo y su responsabilidad ante la enfermedad mientras el curanderismo se enfoca en el aspecto social del individuo enfermo. La psicoterapia y la psiquiatría pueden acercarse al curanderismo cuando estas disciplinas de la medicina moderna toman un caracter transcultural°.

since; relieve

cross-cultural

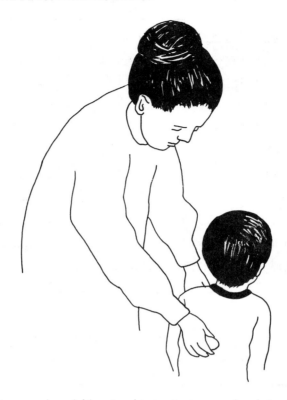

La curandera del barrio: el tratamiento para el mal de ojo

Actividades

A. Discusión o composición. Discutan en grupos cuáles son las diferencias y semejanzas entre el curanderismo, la psicoterapia y la psiquiatría. Discutan si hay valores
positivos en el curanderismo y también en la medicina tradicional de las diferentes
culturas (hierbas, masajes, etc.)

B. Dramatización: la comedia humana. La clase se divide en grupos para dramatizar dos escenas de un socio-drama. Formen tres grupos:

1. La familia del paciente con papá, mamá y tres hermanos además del paciente;
   en este grupo también está la curandera (siete personas).
2. Cinco médicos psiquiatras o más si es necesario.
3. El resto de la clase.

Dramaticen la primera escena y luego procedan a dramatizar la segunda. El resto de
la clase puede ser el público que observa la representación.

Antecedentes. El paciente es el hermano mayor en una familia latina de seis personas. Tiene síntomas de alucinaciones visuales y auditivas. El cree que oye voces que salen de los árboles, contándole su historia milenaria en la tierra. Los árboles se animan en la noche y se mueven elevańdose en el aire°. La familia niega tener historia de esquizofrenia en la familia y por eso lo llevan a la curandera.

levitating

Primera escena. El paciente, su familia y la curandera. La curandera dice que los síntomas actuales se relacionan con factores externos, «la locura del mundo» y no son hereditarios. Aconseja «barridas°» para quitarle los malos espíritus de la mente y del cuerpo. Siete estudiantes hacen los papeles del paciente, de la familia y de la curandera y conversan.

sweepings

Segunda escena. El tratamiento de la curandera dura algunos meses, pero los síntomas se agudizan. La familia lleva ahora al paciente a la clínica psiquiátrica. Hoy cinco doctores están discutiendo el caso.

Cinco estudiantes hacen el papel de los médicos psiquiatras y entrevistan al paciente, buscando síntomas de esquizofrenia:

a) alucinación visual o auditiva

b) desorden del pensamiento: incoherencias, ilusiones, confabulaciones

c) fijación obsesiva

d) comienzo de los síntomas

e) duración de los síntomas

RESPUESTAS A LAS ACTIVIDADES DEL CAPITULO

A. Verdadero o falso.

1) F   2) V   3) F   4) V   5) V   6) V   7) F   8) F   9) V   10) V

7

El reconocimiento físico

INTRODUCCION AL RECONOCIMIENTO FISICO

El reconocimiento físico

El reconocimiento físico debe seguir° a la historia médica general y   *follow*
ayudar en la confirmación de las preguntas sugeridas durante la entrevista con el paciente. La revisión física es una etapa importante
para la formulación del diagnóstico y la negociación del
tratamiento.

Durante el reconocimiento físico, el profesional de la salud
observa al enfermo inspeccionándolo, en búsqueda de° las señas   *in search of*
de enfermedad. Las señas son indicios patológicos que el paciente
puede haber visto, oído, o tocado, y que son por lo tanto
verificables objetivamente. Los síntomas, en cambio, son reportados
por el paciente y pueden ser subjetivos. Así, aunque los trabajadores de salud pueden notar las señas, es sólo el paciente el que
puede reportar los síntomas.

Un reconocimiento físico debe incluir varias partes, en un orden o secuencia diseñada° por el trabajador de salud y variable   *designed*
según la queja presentada por el paciente. Permitan sugerirles la
siguiente secuencia, pero recuerden que es adaptable a las necesi-
dades de cada° caso: *each*

Etapa preliminar: Los signos vitales

Los signos vitales son datos básicos de la enfermedad registrados
por el (la) enfermo(-a) e incluyen la temperatura, el pulso, el ritmo
respiratorio, la presión arterial, la altura y el peso. Secuencia para
el reconocimiento físico:

1. *Estado general de salud.* Mire al enfermo en general, su aspecto físico (nutrición, peso), manifestaciones de problemas
   inmediatos (mentales, respiratorios, dolor, escalofríos, etc.).

2. *Estado de ánimo y conducta° (estrés, ansiedad).* Observe el   *state of mind*
   enfermo con respecto a postura, gestos, expresión facial,
   movimientos repetitivos y grado de preocupación.

3. *La piel.* Inspeccione visualmente la piel y membranas mu-
   cosas (temperatura, elasticidad, textura, color, humedad, etc.),
   erupciones, cicatrices°, pigmentación. Vaya por partes re-   *scars*
   visando visualmente las uñas, los dedos, el pelo y los nódulos.

4. *La cabeza.* Observe el cráneo°, los ojos, los oídos, la boca, la   *skull*
   garganta, la nariz, los nódulos linfáticos, para proseguir a exa-

minar en detalle cada parte de la cabeza. Note si hay alguna depresión o deformidad en la cabeza.

5. *El cuello*. Prosiga° con el cuello y sus movimientos naturales. *continue*
   Revise la tiroides y las glándulas linfáticas visualmente y palpando.

6. Continúe con el pecho y los senos.

7. Examine bien el tórax y los pulmones por medio de
   a) inspección (chequeo visual)
   b) palpación (chequeo con las manos)
   c) percusión (exploración clínica por medio de golpes metódicos con objeto de localizar puntos dolorosos)
   d) auscultación (escuchar con el estetoscopio los sonidos del cuerpo, especialmente el corazón, aparato respiratorio, cavidad abdominal)

   Termine el reconocimiento auscultando con el estetoscopio, cualquier° síntoma anormal de la respiración. *any*

8. Ausculte el corazón, cuidadosamente, en búsqueda de problemas cardiovasculares, soplos°, insuficiencia cardíaca, etc. El *heart murmurs*
   corazón es muy importante y este examen debe hacerse con mucha habilidad y eficacia°. *efficiency*

9. Siga con el abdomen, inspeccionando primero, y luego palpando los diferentes órganos: el hígado°, el bazo°, los *liver; spleen*
   riñones, la aorta, la vejiga, y los intestinos.

10. Examine finalmente los genitales y el recto, si la historia médica lo sugiere o si observa señas durante el examen visual.

Cuando se examina al paciente latino, es muy importante conseguir su cooperación y alianza antes de tocar o palpar su cuerpo. Frases de cortesía°, solicitando su permiso, y pequeños anuncios° *politeness;*
comunicándole lo que va a hacer, pueden ser muy útiles. Un exa- *announcements*
men pélvico puede ser especialmente desagradable° a una mujer *unpleasant*
latina, si es virgen, soltera, o muy joven. Trate de explicarle la necesidad y el propósito° del examen para conseguir su coopera- *usefulness*
ción y calmar su ansiedad. Haga lo mismo en el caso de exámenes urológicos para los hombres y si necesita hacer un examen rectal.

Hay algunos exámenes físicos que son especiales puesto que° *because*
requieren un lenguaje diferente, como es el caso de los exámenes pediátricos. Cuando se examina a un niño pequeño, los padres son los que responderán a las preguntas con mayor o menor exactitud y por eso, el examen físico resulta crucial. Si los niños son más grandes o adolescentes, trate de conseguir información directa de ellos, adaptando las preguntas a formas más simples. Los niños

chiquitos necesitan ser revisados periódicamente para observar su crecimiento° y desarrollo°, así como para prevenir enfermedades que quizás puedan evitarse° con vacunas.

Las mujeres necesitan hacerse la prueba de Papanicolaou° durante el examen pélvico, y una mamografía cada dos años° después de pasar los cuarenta años. Por otro lado°, los hombres deben hacerse exámenes físicos de la próstata, para prevenir uno de los cánceres más frecuentes en los varones°.

Los exámenes físicos generales son una excelente manera de prevenir enfermedades graves. Acostumbre a sus pacientes a visitas regulares, tomando en cuenta su edad, condición física, actitud y personalidad.

Al final de este capítulo discutiremos dos exámenes especializados: el oftalmológico y el neurológico.

growth;
*   development*
avoid
Pap smear
every two years
On the other
*   hand*
men

Preguntas de comprensión

1. ¿Qué es el reconocimiento físico?
2. ¿Por qué es importante el reconocimiento físico?
3. ¿Qué hay que observar durante el reconocimiento físico?
4. ¿Qué son las señas y cómo se diferencian de los síntomas?
5. ¿Qué partes debe incluir un reconocimiento físico completo?
6. Explique qué son los signos vitales y cuáles son.
7. ¿Qué se observa en el estado general de salud?
8. ¿Qué se incluye en el examen de la cabeza?
9. ¿Cómo se examina el cuello?
10. ¿Cómo se examinan el tórax: los pulmones y el corazón?
11. ¿Cómo se examina el abdomen?
12. ¿Cuándo se examinan los genitales y el recto?
13. ¿Cómo se puede conseguir la cooperación del paciente latino para el examen físico?
14. ¿Cuáles son algunos exámenes desagradables y qué se puede hacer para calmar al paciente?
15. ¿Cómo es especial o diferente un reconocimiento físico a un niño (una niña)?
16. ¿Por qué es importante revisar a los niños chiquitos con frecuencia?
17. ¿Qué pruebas necesitan hacerse las mujeres?
18. ¿Qué exámenes deben hacerse los hombres?
19. ¿Por qué son importantes los exámenes físicos generales?
20. ¿Cuáles son otros tipos de exámenes físicos especializados?

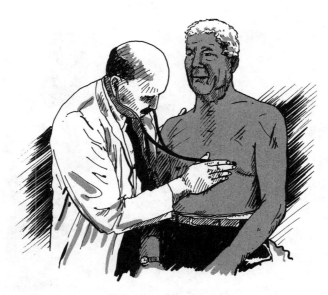

Un reconocimiento físico

Actividades

A. Los instrumentos médicos. Practique con un compañero los anuncios al paciente. Diga al paciente qué instrumento va a usar y diga para qué sirve:

> Este es un estetoscopio. Sirve para oir el corazón.

1. Este es un termómetro. Es bueno para _____
2. Voy a usar el oftalmoscopio _____
3. Esta es una jeringa _____
4. Esto se llama baumanómetro _____
5. Ahora va a sentir el espéculo _____
6. La enfermera va a ponerle una sonda _____
7. Este es un otoscopio _____
8. Voy a ponerle este torniquete alrededor de su brazo _____
9. Le pondremos una aguja por el abdomen hasta el útero _____
10. Este es un catéter, sirve para _____

Tomando la presión de la sangre

B. Tomando los signos vitales. Complete las frases del diálogo con los mandatos con Ud. (use el subjuntivo) y luego imagine las respuestas de un paciente simpático y cooperador y en seguida las respuestas de un paciente difícil. (Las respuestas están al final del capítulo.)

TRABAJADOR DE SALUD	PACIENTE COOPERADOR / DIFICIL
1. Sr. Jiménez, vamos a pesarlo. Por favor (quitarse)	
_____	
los zapatos.	Sí, _____
2. Ahora, (subirse)	
_____	
a la báscula° y (quedarse)	*scale*
_____	
quieto para ver cuánto pesa.	Como no _____

3. Le voy a tomar la temperatura. (abrir)

_____

la boca, por favor.   Aaagh _____
4. Por favor, (subirse)

_____

la manga°. Le voy a tomar la   *sleeve*
presión.   ¿Así? _____
5. Por último, le voy a tomar el
pulso. (darme)

_____

su muñeca°, por favor.   Bien _____ *wrist*

C. Los mandamientos para la buena salud. Discuta las ideas para la buena salud.
Use frases impersonales y el subjuntivo según el modelo.

> **Es importante** que una persona **se bañe** cada día.
> **Es necesario** que una persona **duerma** lo suficiente cada noche.

1. Es bueno   **a)** comer bien

2. Es conveniente   **b)** hacer ejercicios

3. Es recomendable   **c)** aprender la relajación

                         d) hablar con amigos

                         e) tener una ocupación interesante

D. Actuando de intérprete. Uno de los estudiantes hace el papel de intérprete,
otro es el (la) trabajador/a de salud, y otro es el (la) paciente. El doctor da las
órdenes en inglés, el intérprete las dice en español, el (la) paciente las cumple (use
el subjuntivo). (Las respuestas están al final del capítulo.)

1. Please sit down (sentarse).
2. Please undress (desvestirse) and put this on (ponerse).
3. Lie down (acostarse).
4. Please allow me to examine you (permitir).
5. Show me where it hurts (mostrar).
6. Turn to the other side (voltearse).
7. Hold your breath (sostener).
8. Bend your head forward (doblar).

9.   Make a fist (hacer un puño).

10.   Please get up (levantarse) and get dressed (vestirse).

EXAMENES DE LA MUJER

El examen pélvico

La señora Leal viene a hacerse un examen pélvico. La paciente que es aculturada visita al Dr. Díaz, especialista en ginecología. Ella tiene dolores en el vientre.

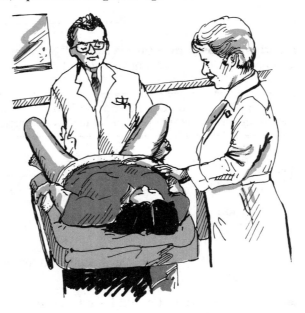

El ginecólogo: el examen pélvico

DR. DIAZ—¿Qué la trae a mi oficina, señora Leal?

SRA. LEAL—Tengo muchos problemas. He perdido el apetito y estoy bajando mucho de peso.

DR. DIAZ—¿Pesa menos que el año pasado, entonces?

SRA. LEAL—¡Oh sí! mucho menos. Antes pesaba 140 libras y ahora sólo peso 90.

DR. DIAZ—¿Qué otros síntomas tiene?

SRA. LEAL—Estoy muy preocupada, porque mis reglas no están normales. Ya van seis meses que tengo muchos coágulos y dolor en el vientre.

DR. DIAZ—¿Toma las pastillas anticonceptivas?

SRA. LEAL—No, no me gustan. Me ligaron las trompas . . . pero ahora me duele mucho aquí abajo.

DR. DIAZ—Voy a examinarla por dentro y haré un *«Pap smear»* también.

SRA. LEAL—Está bien, doctor. ¿Es muy grave esto?

DR. DIAZ—No sé todavía. Necesito examinarla y ordenar algunas pruebas del laboratorio.

SRA. LEAL—¿Cree que tengo cáncer? Mi mamá murió de cáncer a la matriz.

DR. DIAZ—Francamente, no sé todavía. Voy a examinarle el útero y el cuello de la matriz. El útero parece un poquito grande y hay una cosa cerca del ovario derecho.

SRA. LEAL—Eso debe causarme el dolor . . . .

DR. DIAZ—Es posible. Vamos a ordenar una prueba de ultrasonido del útero y esperar los resultados del *«Pap smear»* y de la prueba de sangre. También, necesito una biopsia.

SRA. LEAL—Está bien, doctor. ¡Ud. dirá.!

La paciente regresa unos días más tarde por los resultados.

DR. DIAZ—Lo siento mucho. Tengo malas noticias para Ud. Creo que será necesario ingresarla al hospital para una operación del útero y los ovarios.

SRA. LEAL—¡Que sea lo que Dios quiera! Tendré que avisar a mi familia.

Vocabulario

SUBSTANTIVOS

la **matriz**   *uterus*
el **peso**   *weight*

VERBOS

morir   *to die*
preocuparse   *to worry*

FRASES UTILES

aquí abajo   *down here* (genitals)
bajar de peso   *to lose weight*
me ligaron las trompas   *I have had a tubal ligatio*
por dentro   *internally*

The pelvic examination. *Mrs. Leal comes for a pelvic examination. The patient, who is acculturated, visits Dr. Díaz, a gynecologist. She has pains in the uterus.* DR. DIAZ—What brings you to my office today, Mrs. Leal? MRS. LEAL—I have many problems. I have lost my appetite and I am losing a lot of weight. DR. DIAZ—Do you weigh less than last year, then? MRS. LEAL—Oh yes, much less. I used to weigh 140 pounds and now I only weigh 90 pounds. DR. DIAZ—What other symptoms do you have? MRS. LEAL—I am very worried (concerned) because my periods are not normal. I have been passing blood clots and have had pain in my womb for six months already. DR. DIAZ—Are you taking contraceptive pills? MRS. LEAL—No, I don't like them. I have had a tubal ligation but now it hurts me a lot, down here. DR. DIAZ—I'm going to examine you internally and I will also do a Pap smear. MRS. LEAL *(authorizing him)* All right, Doctor. Is this very serious? DR. DIAZ—I don't know yet. I'm going to examine your uterus and the cervix (*examining her*). The uterus seems a little bit enlarged and there is something near the right ovary. MRS. LEAL—That must be what causes my pain . . . . DR. DIAZ—It is possible. We are going to order an ultrasound test of the uterus and we will wait for the results of the Pap smear and the blood test. I also need to take a biopsy. MRS. LEAL—Fine, Doctor. You decide (you will say). *The patient returns a few days later for the results.* DR. DIAZ—I am sorry. I have bad news for you. I think it will be necessary to admit you into the hospital for surgery on your uterus and ovaries. MRS. LEAL—Let God's will be done. I must let my family know.

Preguntas de comprensión

1. ¿Qué trae a la oficina del ginecólogo a la señora Leal?
2. ¿Qué otros síntomas tiene?
3. ¿Qué método de control de la natalidad usa?
4. ¿Qué nota el doctor Díaz durante el examen pélvico?
5. ¿Qué pruebas ordena y cuál es el resultado?

Actividades

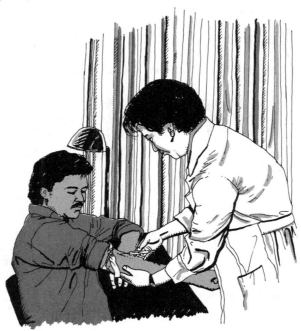

En el laboratorio: una prueba de sangre

A. En el laboratorio. Dramatice con un(a) compañero(-a) algunas situaciones típicas de laboratorio.

1. Un laboratorista dando instrucciones para una prueba de orina°   *urine test*
2. Una laboratorista tomando una prueba de cultivo° a un paciente con una infección en la garganta   *culture*
3. Un técnico de laboratorio explicando a un anciano como tomar una muestra de excremento°   *stool sample*
4. Una paciente con una técnica de laboratorio hablando sobre una muestra de esputo°   *sputum*
5. Un laboratorista tomando una muestra de sangre y de orina a un paciente de SIDA

B. La enfermera habla con un paciente. Actuando como enfermera, practique una conversación en que incluye estas ideas.

1. Una enfermera habla con un paciente sobre sus medicamentos°. El tiene la presión alta.   *medications*

2. Un enfermero da consejos a un paciente obeso sobre una dieta para bajar de peso.

3. El paciente y una enfermera hablan mientras ella toma la temperatura, el peso y la presión de la sangre.

4. Un enfermero entrevista a un paciente antes de proceder a una revisión completa. El paciente se queja de problemas endocrinológicos.

5. Una enfermera visita a sus pacientes hospitalizados. Habla sobre la lactancia° con una mujer que ha tenido un bebé.   *breast-feeding*

6. Un enfermero pone suero° a una paciente recién operada.   *I.V.*

7. Una enfermera le pone una inyección° a un anciano mientras ella lo calma.   *shot*

8. Un enfermero habla con un paciente para hacerle más cómodo° en su cuarto de hospital.   *comfortable*

9. Un enfermero llama a varios pacientes para prepararlos antes del examen con la ginecóloga.

10. Una enfermera habla con un paciente mientras hace un electrocardiograma°.   *EKG*

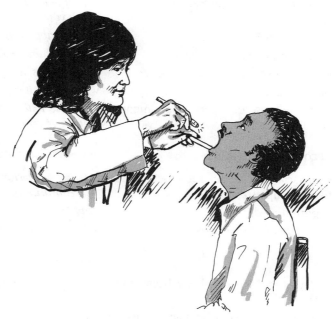

La doctora examina al paciente.

Guía para un reconocimiento físico completo

Practique las frases típicas del reconocimiento físico con un compañero. Use todos los instrumentos.

LOS SIGNOS VITALES

Buenas tardes. Siéntese, por favor.

Voy a tomarle la temperatura.

Ahora, voy a tomarle la presión.

Déme su mano. Necesito tomarle el pulso.

Desvístase, por favor, de la cintura para arriba.

Espere al doctor aquí.

Póngase esta bata.

VITAL SIGNS

Good afternoon. Sit down, please.

I'm going to take your temperature.

Now I'm going to take your blood pressure.

Give me your hand. I need to take your pulse.

Get undressed, please, from the waist up.

Wait for the doctor here.

Put on this gown.

CON EL TRABAJADOR DE SALUD

Buenas tardes, señor/a. Permítame presentarme.

Soy el doctor (la doctora) . . .

Después de unas preguntas, voy a examinarle.

¿Qué le ocurre?

¿Cuándo empezó el problema?

Qué lo hace sentirse mejor? o peor?

¿Dónde le duele?

Muéstreme con el dedo, exactamente dónde le duele.

WITH THE HEALTH-CARE WORKER

Good afternoon, sir/madam. Permit me to introduce myself.

I am Doctor . . .

After a few questions, I'm going to examine you.

What's happening to you?

When did the problem start?

What makes you feel better? or worse?

Where does it hurt?

Show me with your finger exactly where it hurts you.

EL RECONOCIMIENTO FISICO

Me gustaría hacerle un reconocimiento físico completo.

¿Me permite Ud.?

Con su permiso, entonces.

THE PHYSICAL EXAMINATION

I'd like to perform a complete physical examination.

May I?

With your permission, then.

LA CABEZA

¡Por favor, doble su cabeza hacia adelante!

¿Le duele cuando la dobla hacia atrás?

THE HEAD

Please bend your head forward.

Does it hurt when you bend it backwards?

Voltee la cabeza hacia la izquierda.	*Turn your head towards the left.*

LOS OJOS

¡Abra los ojos, por favor!
¡Otra vez!
Permítame examinarle con esta luz.

¡Mire hacia arriba!
¡Mire hacia abajo!

THE EYES

Please open your eyes.
Once more; again.
Allow me to examine you with this light.
Look up.
Look down.

LA BOCA

Ahora, ¡abra la boca, por favor!
¡Diga ah!
¡Mueva la lengua de un lado a otro!

¡Muéstreme la lengua!

THE MOUTH

Now, open your mouth, please.
Say ah.
Move your tongue from one side to the other.
Show me your tongue.

LA NARIZ

¿Puede respirar bien con la nariz?

¿Tiene algún desecho?

THE NOSE

Can you breathe well through your nose?
Do you have any discharge?

LOS OIDOS

¿Tiene dolor en los oídos?

¿En cuál, el derecho o el izquierdo?

Dígame con qué oído oye mejor este sonido.

¿Con éste . . . o con el otro?

THE EARS

Do you have pain in your ears?

In which one, the right or the left?

Tell me with which ear you hear this sound better.

This one . . . or the other?

EL TORAX

¿Siente algún dolor en el pecho?

¿Le duele cuando le palpo aquí?

Por favor, respire hondo mientras le examino los pulmones.

¡Respire hondo otra vez!

¡Sostenga la respiración!

¡Suelte el aire!

¡Respire normalmente, ahora!

THE THORAX

Do you have any pain in your chest?

Does it hurt when I touch you here?

Please breathe deeply while I examine your lungs.

Breathe deeply again.

Hold your breath.

Let the air out.

Breathe normally now.

EL CORAZON

Voy a escuchar su corazón.

Todo parece normal.

THE HEART

I'm going to listen to your heart.

Everything seems normal.

EL ABDOMEN

Acuéstese boca arriba, por favor.

Voy a examinarle el abdomen.

¿Le duele cuando le aprieto aquí?

¿Le duele más en este lado?

Indíqueme donde está el dolor.

Levántese ahora.

Se terminó el examen.

THE ABDOMEN

Lie down face up, please.

I'm going to examine your abdomen.

Does it hurt you when I press you here?

Does it hurt more on this side?

Show me where the pain is.

Get up now.

The examination is finished.

EL EXAMEN DEL RECTO

Si Ud. me lo permite, voy a examinarle el recto.

Será incómodo, pero por favor, trate de relajarse.

Por favor, acuéstese sobre el lado derecho (izquierdo).

Ahora, doble las piernas hacia la barbilla.

Voy a introducir mi dedo con un guante.

Está bien. Eso es todo por hoy.

RECTAL EXAMINATION

With your permission, I'm going to examine your rectum.

It will be uncomfortable, but please try to relax.

Please lie on your right (left) side.

Now, bend your legs towards your chin.

I am going to insert my gloved finger.

Fine. That is all for today.

EL EXAMEN PELVICO	**THE PELVIC EXAMINATION**
Voy a examinarle por dentro.	*I'm going to examine you internally.*
Por favor, ponga los pies en los estribos.	*Please put your feet in the stirrups.*
Trate de relajarse.	*Try to relax.*
Otra vez, otro poco.	*Again, a little bit more.*
No le va a doler.	*It won't hurt you.*
Es sólo un poco incómodo.	*It's only a bit uncomfortable.*
Voy a hacerle la prueba de Papanicolaou.	*I'm going to do the Pap smear.*
¡Es todo! Muchas gracias.	*That's all. Thanks a lot.*

Actividades

A. El reconocimiento físico.

1. Haga un reconocimiento físico general para una mujer joven que lo necesita para su trabajo. Use las preguntas de la guía que sean apropiadas.

2. Examine a un hombre que parece tener los síntomas de apendicitis. Seleccione las preguntas de la guía sobre el abdomen e invente otras para hacer un buen examen.

3. Haga una revisión completa a una anciana que viene por primera vez a la clínica geriátrica.

4. Dé un examen cuidadoso del tórax a un hombre que viene con los síntomas de tuberculosis.

5. Revise a un paciente con un chequeo general y luego haga el examen del recto ya que el enfermo sufre de hemorroides.

B. Actuando de intérprete médico. El profesional de salud dice las frases en inglés, un estudiante las interpreta al español y el paciente contesta las preguntas o cumple las órdenes. (Las respuestas están al final del capítulo.)

1. After a few questions I'm going to examine you.
2. What bothers you the most, now?
3. Which symptom did you feel first?
4. What makes you feel better?
5. Show me with your finger exactly where it hurts.
6. I'm going to examine your mouth. Open your mouth and say ah. . . .
7. Move your tongue from one side to the other.
8. Allow me to examine your eyes with this light.
9. Look up.
10. Look down.

LOS EXAMENES ESPECIALIZADOS

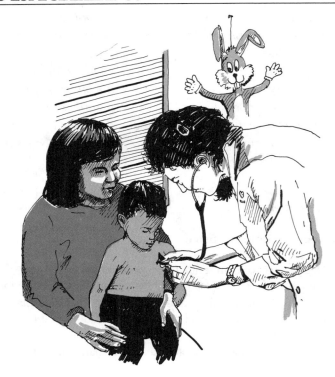

El examen pediátrico

El examen pediátrico

La doctora Sandra Avalos examina a un niño de cinco años. La madre lo acompaña y lo sienta en su falda° durante la primera parte del examen.   lap

DRA. AVALOS—¿Qué tal, señora Gómez? ¡Hola! ¿Cómo estás, Danielito?

    MADRE—Creo que el niño está bien, pero quiero que lo revise
con un examen general una vez al año°.   *once a year*

DRA. AVALOS—¡Excelente! Es bueno prevenir enfermedades, ¿no es
cierto? Dígame, ¿tiene él todas las vacunas para el DPT
y la polio?

    MADRE—Sí, está al día con las vacunas.

DRA. AVALOS—¿Cómo está comiendo?

    MADRE—Come de todo. Tiene buen apetito.

DRA. AVALOS—(*hablándole al niño*) Danielito, voy a hacerte una revisión completa. Puedes quedarte en la falda de tu
mamá un ratito. ¡Déjame ver tu cabeza!

    DANIELITO—¿Qué tengo en mi cabeza?

DRA. AVALOS—Nada, simplemente voy a examinarte para ver si están bien tus ojos, tu nariz, tu boca y tus oídos.

DANIELITO—¿Por qué me pone esa luz en los ojos?

DRA. AVALOS—Porque quiero ver bien tus ojitos. ¡Mira a tu mamá! ¿Quieres jugar con la linterna?

DANIELITO—Oh sí, ¡qué bonita es! Tiene un dibujo de Superman.

DRA. AVALOS—Ahora, voy a mirar tus oídos. Dáme la luz, por favor.

DANIELITO—(*voluntariamente*) Sí, tómela.

DRA. AVALOS—¡Mira el conejito que tengo allí en la pared!

DANIELITO—Oh, ese es el conejo de la suerte. Tiene las orejas muy grandes, como yo, ¿verdad, mamá?

DRA. AVALOS—(*terminando con el examen de los oídos*) Tus oídos y orejas están normales. Ahora voy a revisarte la nariz. ¿No te duele, cierto?

DANIELITO—No, no me duele nada.

DRA. AVALOS—Bueno, ahora voy a pedirte que abras la boca . . . . (*el niño abre la boca*) ¡Así, . . .muy bien! ¡Di, aaaaah!

DANIELITO—AAAAH! Mamá, ¿cuándo nos vamos a la casa?

MADRE—Pronto, hijito, no te preocupes.

El niño se mueve alrededor del cuarto del examen, jugando con el conejito mientras la doctora se prepara con los instrumentos para seguir el examen.

DRA. AVALOS—Danielito, siéntate aquí en la mesa. Voy a examinarte los pulmones con este instrumento.

DANIELITO—Yo quiero examinar mis pulmones también. ¿Puedo?

DRA. AVALOS—No, pero puedes ayudarme si respiras como un niño grande. Así . . . (*mostrándole*) respira hondo.

DANIELITO—Uhm . . . .

DRA. AVALOS—Lo hiciste muy bien. Ahora vas a estar calladito porque debo escuchar tu corazón.

DANIELITO—Mamá, ¿también tú vas a estar calladita?

MADRE—(*le pasa un juguete*) Sí.

DRA. AVALOS—Me parece que está todo bien con Danielito. Los pulmones están claros, el corazón se oye bien. Por favor, acuéstelo sobre la mesa para examinarle el abdomen.

El niño se acuesta sobre la mesa y comienza a cantar «La Cucaracha».

DANIELITO—La cucaracha, la cucaracha, ya no puede caminar, porque le falta, porque no tiene las dos patitas de atrás.

DRA. AVALOS—(*sonriendo*) ¿Estás muy contento, eh? Díme si te duele cuando te toco la barriguita?

DANIELITO—Ja, ja, ja, ja . . . .

DRA. AVALOS—¿Qué te pasa? ¿Por qué te ríes?

DANIELITO—Es que . . . es que . . . me hace cosquillas.
DRA. AVALOS—Este niño está muy sano, señora Gómez.

Vocabulario

SUSTANTIVOS

la **barriguita**   *tummy*
el **conejito**   *the little rabbit*
el **conejo de la suerte**   *Bugs Bunny*
el **dibujo**   *picture, drawing*
la **falda**   *lap*
la **luz**   *flashlight*
el **oído**   *middle ear*
la **oreja**   *external ear*

VERBOS

hacer cosquillas   *to tickle*
faltar   *to lack, to be missing*
revisar   *to examine*

FRASES UTILES

el corazón se oye bien   *heart sounds good*
estar al día   *to be up-to-date*
las patitas de atrás   *back legs* (diminutive form is endearing)
¿qué te pasa?   *what's the matter?*
revisión completa   *complete check-up*
estar calladito   *to be quiet* (diminutive form is endearing)
una vez al año   *once a year*

The pediatric examination. *Dr. Sandra Avalos examines a five-year-old boy. His mother accompanies him and seats him on her lap during the first part of the exam.* DR. AVALOS—How are you doing, Mrs. Gómez? Hi! How are you, Danny? MOTHER—I think that the child is O.K., but I want you to give him a complete physical exam once a year. DR. AVALOS—Excellent. It's good to prevent illnesses, right? Tell me, has he had all the DPT and polio vaccinations? MOTHER—Yes, he is up-to-date with his vaccinations. DR. AVALOS—How has he been eating lately? MOTHER—He eats (a little bit of) everything. He has a good appetite. DR. AVALOS (*talking to the child*) Danny, I'm going to do a complete check-up. You can stay on your mom's lap for a while. Let me see your head. DANNY—What do I have in my head? DR. AVALOS—Nothing. I'm simply going to examine you in order to see if your eyes, nose, mouth and ears are all right. DANNY—Why do you shine that light into my eyes? DR. AVALOS—Because I want to be able to see your (little) eyes very well. Look at your mom. Do you want to play with this flashlight? DANNY—Oh yes. It's neat! It has a picture of Superman. DR. AVALOS—Now I'm going to look at your ears. Give me the flashlight, please. DANNY—(*voluntarily*) Here, take it. DR. AVALOS—Look at the little rabbit there on the wall. DANNY—Oh, that's Bugs Bunny. It has big ears, like me. Isn't that right, Mom? DR. AVALOS—(*finishing up with the ear exam*) Your middle and external ears are normal. Now, I'm going to examine your nose. It doesn't hurt, right? DANNY—No, nothing hurts me. DR. AVALOS—Good! Now I'm going to ask you to open your mouth (*the child opens his mouth*) like this . . . . very good! Say aaaaah! DANNY—AAAAH! Mom, when are we going home? MOTHER—Soon, sonny, don't worry. *The child moves around in the examining room, playing with the little rabbit, while the doctor readies the instruments to proceed with the exam.* DR. AVALOS—Danny, sit here on the table. I'm going to examine your lungs with this instrument. DANNY—I also want to examine my lungs. May I? DR. AVALOS—No, but you can help me if you breathe like a big boy. Like this . . . (*showing him*) breathe deeply. DANNY—Uhmmmmmm. DR. AVALOS—You did very well. Now you are going to be very quiet because I must listen to your heart. DANNY—Mom, are you also going to be quiet? MOTHER—(*handing him a toy*) Yes. DR. AVALOS—It seems to me that everything is fine with Danny. Lungs are clear. The heart sounds good. Please put him on the table so I can check his abdomen. *The child lies down on the table and begins to sing "La Cucaracha."* DANNY—La cucaracha, la cucaracha can't walk because she lacks. . .because she doesn't have two back legs. DR. AVALOS—(*smiling*) You are very happy, eh? Tell me if it hurts you when I touch your tummy. DANNY—Ha, ha, ha. . . . DR. AVALOS—What's the matter? Why do you laugh? DANNY—Because . . . because you are tickling me! DR. AVALOS—This child is very healthy, Mrs. Gómez.

Preguntas de comprensión

1. ¿Por qué viene Danielito a la oficina de la pediatra?
2. ¿Está el niño al día con las vacunas?
3. ¿Qué tipo de reconocimiento físico le va a hacer la doctora?
4. ¿Qué partes de la cabeza le examina?
5. ¿Qué hace el niño mientras la doctora le examina los oídos?
6. ¿Qué le duele Danielito?
7. ¿Qué necesita hacer el niño cuando la pediatra le examina los pulmones?
8. ¿Por qué le pide que esté calladito?
9. ¿Qué canta cuando se acuesta sobre la mesa?
10. ¿Por qué se ríe al final del examen?

Actividades

A. La clínica para los bebés sanos. Es el día para la clínica de los bebés sanos. Un padre joven trae a su bebé de cinco meses para un chequeo. Hablen entre dos estudiantes, haciendo los papeles del padre y del trabajador de salud que examina al bebé.

B. La desnutrición infantil. Organicen una charla sobre la desnutrición infantil, invitando a un experto en desnutrición quien provee información sobre este tópico. Después de la charla, toda la la clase participa en una discusión con preguntas y comentarios.

C. Entrevista y examen pediátrico. Entreviste a un niño y a su madre, usando las preguntas de la historia pediátrica de capítulos, y luego proceda al examen. El niño tiene los síntomas de diabetes infantil.

EL EXAMEN OFTALMOLOGICO

Usando el cartel de Snellen y los instrumentos del examen oftalmológico, practique las frases del modelo.

Por favor, lea las letras en esta línea.	*Please read the letters in this line.*
La línea próxima.	*The next line.*
La línea de abajo.	*The next line down.*
Mire directo a mi nariz.	*Look directly at my nose.*
Voy a mover este lápiz hacia Ud.	*I'm going to move this pencil towards you.*

Dígame cuándo Ud. ve el lápiz.	*Tell me when you see the pencil.*
Voy a mirar debajo de sus párpados.	*I'm going to look under your eyelids.*
No va a dolerle.	*It won't hurt you.*
Mire hacia abajo.	*Look down.*
Mire hacia arriba.	*Look up.*
Voy a poner una luz en sus ojos.	*I'm going to shine a light into your eyes.*
Mire hacia adelante.	*Look straight ahead (in front of you).*
Por favor, mire esa pared y ahora mire la punta de mi dedo.	*Please look at that wall and now look at the tip of my finger.*
Siga mi dedo cuando yo lo mueva.	*Follow my finger when I move it.*
Voy a mirar el interior de sus ojos con esta luz.	*I'm going to look at the interior of your eyes with this light.*
Voy a poner unas gotas en sus ojos para dilatar las pupilas.	*I'm going to put some drops into your eyes to dilate your pupils.*
Sus pupilas van a estar dilatadas en quince minutos.	*Your pupils will be dilated in fifteen minutes.*
Mire este punto en la pared mientras examino sus ojos.	*Look at this point on the wall while I examine your eyes.*
Muy bien y muchas gracias.	*Very well and thank you very much.*

Actividad

Con el oftalmólogo. Construya un diálogo entre un paciente que tiene los principios° de glaucoma y un oftalmólogo. El examen of- *beginning* talmológico debe incluir las siguientes partes:

1. Lectura° de las letras en el cartel° de Snellen. *reading; chart*
2. Anuncios de que va a examinarle con una luz a) en el interior de los ojos b) debajo de los párpados° c) que va a tocarle con *eyelids* instrumentos d) que va a dilatarle las pupilas con gotas°. *drops*
3. Ordenes a) de que el paciente mire derecho hacia la pared b) de que mire la punta de su dedo c) de que siga su dedo con los ojos d) de que el paciente se limpie los ojos después de ponerle las gotas.
4. Disculpas° corteses por la incomodidad del examen y las gra- *apologies* cias por la cooperación del paciente.

EL EXAMEN NEUROLOGICO

Usando los instrumentos necesarios (para la prueba acústica, sensorial y de reconocimiento de objetos), practiquen entre dos estudiantes el examen neurológico.

Cierre los ojos.	*Close your eyes.*
Cierre la ventanilla izquierda (derecha) con el dedo.	*Hold your left (right) nostril shut with your finger.*
¿Puede oler algo? ¿Qué huele Ud.?	*Can you smell anything? What do you smell?*
Mire derecho a mi nariz.	*Look straight at my nose.*
Dígame dónde puede ver movimiento.	*Tell me where you see movement.*
Por favor, siga mi dedo con su mirada, sin mover la cabeza.	*Please follow my finger with your eyes, without moving your head.*
Apriete los dientes.	*Clench your teeth.*
Cierre los ojos.	*Close your eyes.*
Dígame si siente esto puntiagudo o sin punta.	*Tell me whether this feels sharp or dull.*
Dígame si siente esto caliente o frío.	*Tell me whether this feels hot or cold.*
Dígame cuando Ud. sienta algo en la piel.	*Tell me when you feel a touch on your skin.*
Por favor, mire arriba y a la izquierda, y no deje de mirar allá hasta que yo le diga.	*Please look up and to your left, and keep looking there until I tell you.*
Levante las cejas (así).	*Raise your eyebrows (like this).*
Frunza las cejas.	*Frown.*
Cierre los ojos bien apretados; no me deje que yo Los abra.	*Close your eyes tightly; do not let me open them.*
Muéstreme los dientes.	*Show me your teeth.*
Sonría.	*Smile.*
Infle las cachetes.	*Puff out your cheeks.*
¿Oye este sonido más fuerte en un lado? ¿En qué lado?	*Do you hear this sound louder on one side? Which side?*
Dígame cuando ya no oiga el sonido.	*Tell me as soon as you cannot hear the sound anymore.*
¿Lo oye ahora?	*Can you hear it now?*
Abra la boca bien abierta. Diga «ah».	*Open your mouth wide. Say "ah."*
Encoja los hombros (o: trate de levantar mis manos con sus hombros).	*Shrug your shoulders (or: try to lift my hands up with your shoulders).*
Doble (*Mex.:* Voltee) la cabeza contra mi mano; haga fuerza en contra de mi mano.	*Turn your head against my hand; try to resist my hand.*
Saque la lengua.	*Stick out your tongue.*
Mueva la lengua de un lado al otro.	*Move your tongue from side to side.*
Por favor, camine a través del cuarto.	*Please walk across the room.*
Por favor, camine poniendo el talón en la punta del otro pie (así).	*Please walk heel-to-toe (like this).*

Camine de puntillas.

Walk on tiptoes.

Camine sobre los talones.

Walk on your heels.

Por favor, párese con los pies juntos.

Please stand with your feet together.

Cierre los ojos y quédese quieto por un momento.

Close your eyes and stand still for a moment.

Por favor, salte en el mismo lugar sobre el pie izquierdo (derecho).

Please hop in place on your left (right) foot.

Por favor, relájese, y permítame moverle los músculos mientras están relajados.

Please relax, and let me move your muscles while they are relaxed.

Trate de mover esto.

Try to overcome this.

Empuje.

Push.

Jale.

Pull.

Cierre los ojos y sostenga los brazos delante de Ud. con las palmas hacia arriba.

Close your eyes and hold your arms straight out in front of you, palms up.

Quédese así hasta que yo le diga (por unos veinte segundos).

Stay that way until I tell you (about twenty seconds).

Baje los brazos lentamente a los lados.

Lower your arms slowly to your sides.

Empuje contra la pared con los brazos.

Push against the wall with your arms.

Levante los brazos sobre su cabeza.

Raise your arms overhead.

Manténgalos allí por unos veinte segundos.

Keep them there for about twenty seconds.

Trate de mantenerlos levantados a medida que yo los baje.

Try to keep them raised as I push them down.

Haga un puño. No me deje que lo jale hacia abajo.

Make a fist. Don't let me pull it down.

Apriete mis dedos tan fuerte como pueda.

Squeeze my fingers as hard as you can.

Separe los dedos.

Spread your fingers.

Acuéstese de espalda. Levante la pierna mientras le empujo con la mano.

Lie on your back. Raise your leg while I push against it with my hand.

Separe las piernas mientras las empujo con mis manos.

Spread your legs out while I push against them with my hands.

Junte las piernas.

Bring your legs together.

Mantenga el pie abajo; no me deje que le enderece la pierna.

Keep your foot down; don't let me straighten your leg.

Extienda la pierna.

Straighten your leg.

Dé palmadas a la pierna lo más rápido que pueda con la mano.

Pat your leg as fast as you can with your hand.

Voltee la mano de arriba abajo lo más rápido que pueda.

Turn your hand over and back as fast as you can.

Tóquese con el dedo pulgar cada uno de sus dedos y en orden lo más rápido que pueda, así.	*Touch your thumb to each of your fingers in sequence as fast as you can, like this.*
Toque mi dedo . . . y luego su nariz . . . y luego mi dedo . . . y después su nariz . . . etc.	*Touch my finger . . . and then your nose . . . . and then my finger . . . . and then your nose, etc.*
Cierre los ojos y continúe los mismos movimientos mientras que mantengo mi dedo en el mismo lugar.	*Close your eyes and continue the movements while I leave my finger in the same place.*
Dé golpecitos en mi mano lo más rápido que pueda con la planta del pie.	*Tap my hand as quickly as you can with the ball of your foot.*
Ponga el talón en la rodilla de la otra pierna, y páselo por enfrente hasta llegar al dedo gordo del pie, así.	*Place your heel on the knee of the other leg, and run your heel down your shin to your big toe, like this.*
¿Puede sentir esto?	*Can you feel this?*
Dígame cuándo Ud. sienta algo.	*Tell me when you can feel something.*
¿Siente esto igual que lo otro?	*Does this feel the same as this?*
¿Es esto puntiagudo o sin punta?	*Is this sharp or dull?*
¿Es esto caliente o frío?	*Is this hot or cold?*
¿Dígame cuándo esto se para. ¿Siente Ud. vibraciones?	*Tell me when this stops. Do you feel any vibration?*
¿Estoy moviendo su dedo hacia arriba o hacia abajo?	*Am I moving your finger (toe) up or down?*
Cierre los ojos. ¿Qué objeto está en la mano?	*Close your eyes. What is the object in your hand?*
¿Qué número (letra) estoy escribiéndole en la mano?	*What number (letter) am I drawing on your hand?*
¿Siente Ud. una o dos puntas?	*Do you feel one or two points?*
Cierre los ojos. Ahora, ábralos. ¿Dónde le toqué?	*Close your eyes. Now open them; where did I touch you?*
Voy a probar los reflejos.	*I am going to test your reflexes.*
No le va a doler. Tranquilícese.	*It will not hurt. Relax.*
Apriete los dientes.	*Clench your teeth.*
Junte las manos, así, y jale.	*Put your hands together, like this, and pull.*
Deje colgar el brazo, como si fuera ropa colgada.	*Let your arm go limp, as though it were "hung up to dry."*

RESPUESTAS A LAS ACTIVIDADES DEL CAPITULO

B. Tomando los signos vitales

1. quítese   2. súbase, quédese   3. abra   4. súbase   5. déme

D. Actuando de intérprete

1. siéntese   2. desvístase, póngase   3. acuéstese   4. permítame
5. muéstreme   6. voltéese   7. sostenga   8. doble   9. haga
10. levántese, vístase

B. Actuando de intérprete médico

1. Después de unas preguntas, voy a examinarle.

2. ¿Qué es lo que más le molesta?

3. ¿Qué síntoma sintió primero?

4. ¿Qué lo hace sentirse mejor?

5. Muéstreme con su dedo exactamente dónde le duele.

6. Voy a examinarle la boca, abra la boca y diga aaah. . .

7. Mueva la lengua de un lado a otro.

8. Permítame examinarle los ojos con esta luz.

9. Mire arriba.

10. Mire abajo.

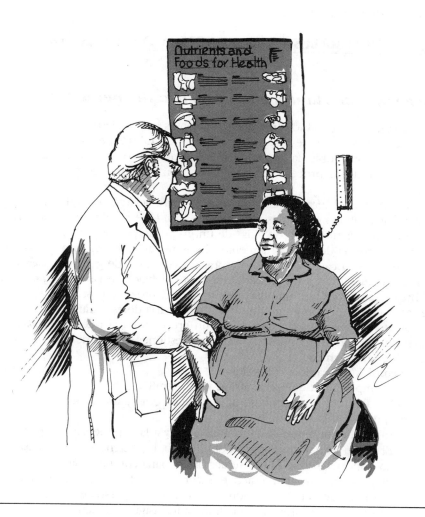

8 La comunicación intercultural

ELEMENTOS CULTURALES EN LA PRACTICA DE MEDICINA

Factores importantes en la práctica de medicina

Los profesionales de salud que tratan a pacientes latinos deben hacerse responsables de evaluar los valores culturales que están implícitos en un problema de salud y así° utilizar esta comprensión cultural en todo el proceso de interacción con este tipo de paciente.

    Definamos el término cultura primero, para aclarar° a continuación° los valores culturales relativos a la salud. Se puede decir que la cultura es un modo de vida° de un grupo de personas que desarrollan reglas de comportamiento°. Estas reglas se convierten en costumbres° a causa de° su uso y práctica continua, de generación en generación y a través del tiempo. Por debajo° de las costumbres están los valores que dan base y fundamento a las costumbres así como dirección y significado a la vida diaria de esa cultura. Los valores de una persona dentro de° un grupo cultural pueden influenciar su modo de pensar y decidir cuestiones acerca de la salud y de la enfermedad.

    Ejemplos° de valores culturales:

—La importancia que se le atribuye a la familia.

—El valor que se le concede al individuo como parte de un grupo.

—La significancia que se le da a la vejez° y a la experiencia.

—El modo de valorizar° el uso del tiempo, la eficiencia.

—Lo importante que es la interacción humana con personas de autoridad, como el médico, el sacerdote° y el maestro.

—El valor que tiene la religión en la vida de las personas.

    Consideremos el valor que la cultura latina asigna a la familia. La familia es muy importante en asuntos de salud y enfermedad y por lo tanto un individuo enfermo, atado° a sus costumbres, tiende a consultar mucho más a su familia en las decisiones importantes de salud, que un individuo más aculturado.

    La familia, enterada° y consultada con el problema de salud, parece asumir la responsabilidad de cuidar y velar por° el enfermo, llegando hasta a «pensar por»° el enfermo. El raciocinio° detrás de esta actitud defensiva ante el ataque de la enfermedad es que se asume que el enfermo debe concentrar toda su fuerza y energía en curarse mientras la familia «piensa» la estrategia de curación.

    Para los profesionales de salud, acostumbrados a tratar pacientes aculturados o de la cultura anglosajona principal, el hecho de incorporar a la familia latina en decisiones de salud, puede resultar sumamente incómodo° y hasta chocante°. Es importante comprender que este es un valor cultural clave dentro de los grupos latinos y que hay que aprender a manejarlo° y a aceptarlo. Los va-

Glosses (right margin):

thus

clarify
thereupon
way of life
rules of behavior
customs; due to
under

within

examples

(old) age
to give value

priest

tied

informed
to protect
to think for;
* rationale*

extremely
* uncomfortable;*
* shocking*
to manage it

lores culturales diferentes entre las culturas latinas y anglosajonas tienen el potencial de crear verdaderas barreras en la comunicación, pero estas diferencias, una vez comprendidas pueden convertirse en desafíos intelectuales ya que nos obligan a expandir nuestros conceptos normales y a ampliar° nuestra experiencia.   *to broaden*

    Consideremos el caso de la comunicación no verbal, muy común en las culturas latinas. La comunicación no verbal se transmite por medio de° gestos, expresiones, posturas y movimientos del cuerpo. Un paciente latino expresa mucha de su ansiedad° y dolor a través de° gestos, el uso de sus manos, y mirada°. Por ejemplo, el contacto visual directo entre el doctor y el paciente puede comunicar mucho de la actitud de confianza° y respeto por el médico. Un apretón de manos°, en el principio de cualquier° entrevista, puede establecer las bases de una comunicación más efectiva. Estos gestos y acciones (no verbales) son parte de la cultura y por lo general, se puede decir que el paciente latino las espera° en un contacto profesional relativo a la salud. Cabe agregar° que en el caso de personas muy modestas o tímidas, el contacto visual directo a los ojos puede no ocurrir y hasta evitarse° estrictamente. Si el profesional de salud está informado de estas diferencias culturales y de la diversidad de los distintos representantes de la cultura latina, entonces podrá funcionar más eficientemente dentro del grupo.

by means of
anxiety
through, by means of; glance
trust
handshake; any

expects them
it can be added

be avoided

Preguntas de comprensión

1. ¿Qué deben hacer los profesionales de salud que tratan a pacientes latinos?

2. ¿Por qué es importante evaluar los valores culturales de los pacientes?

3. ¿Cómo se puede definir el término «cultura»?

4. ¿Qué son los valores culturales? Dé ejemplos de éstos.

5. Discuta el valor que se atribuye a la función de la familia en el caso de enfermedad.

6. ¿Cuál es el raciocinio detrás de esta actitud de defensa del enfermo?

7. ¿Qué pueden crear los valores culturales diferentes entre la cultura latina y anglosajona?

8. ¿Qué actitud debe asumir el trabajador de salud en cuanto a estas diferencias? Dé su opinión personal.

9. ¿Cómo se transmite la comunicación no verbal?

10. Discuta algunos ejemplos, como el contacto visual directo y el apretón de manos.

Actividades

A. Conocimientos de comunicación intercultural. Estudie las cuatro opciones y elija la respuesta que mejor resuma la idea correcta de comunicación intercultural. (Las respuestas están al final del capítulo.)

1. **a)** La cultura es un sistema de creencias solamente.
   b) La cultura sirve para dictar reglas de ética.
   c) La cultura es un modo de vida que tiene reglas que se convierten en costumbres y están basadas en valores.
   d) La cultura existe para hacer iguales a todos los grupos pertenecientes a diferentes culturas.

2. **a)** No hay diversidad en los grupos latinos: todos son católicos, pobres, y sin educación.
   b) Hay diversidad en los grupos latinos, pero estas variaciones se deben a diferencias de sexo, edad, y generación.
   c) No hay diversidad en los grupos latinos. Es lo mismo un paciente latino que vive en los USA y uno recién inmigrado de América Latina o de España.
   d) Hay diversidad en los grupos latinos, según el grado de aculturación, nivel socio-económico, y diferencias educacionales.

3. **a)** Las creencias de los pacientes latinos pueden afectar su comprensión de la enfermedad.
   b) Las creencias de los pacientes latinos se suspenden durante el período de enfermedad.
   c) Las creencias de algunos pacientes latinos no influyen en el tratamiento con remedios caseros.
   d) Las creencias de las pacientes latinos se supeditan° a las creencias de los profesionales de salud, porque los pacientes respetan la autoridad del médico ante todo.   *are put beneath*

4. **a)** Hay tres tipos de tradiciones en la concepción cultural de la muerte: la indígena, la española y la africana.
   b) Hay una sola corriente cultural para entender la muerte.
   c) La corriente cultural española, con el catolicismo, es la más importante en la concepción de la muerte.
   d) Las tres tradiciones, indígena, española y africana, no se mezclan entre ellas y se mantienen separadas para entender la muerte.

5. **a)** El estrés causa la muerte de la noche a la mañana° entre los trabajadores ilegales.   *overnight*
   b) El estrés de la migración indocumentada a los Estados Unidos puede causar enfermedad entre los trabajadores sin documentos.
   c) Este tipo de estrés causa sólo problemas sociales y políticos.
   d) El estrés de la migración indocumentada causa únicamente conflictos de identidad al transpasar las fronteras.

La mujer latina

Las mujeres latinas son esenciales en el cuidado° y manejo° de la salud, porque ellas están a cargo de° todos los miembros de la familia cuando éstos se enferman. Por esta razón°, las mujeres son quienes más visitan los centros de atención médica puesto que ellas llevan allí a los niños, abuelos, y a otros parientes.

    Para la planificación de la familia, la iglesia°, a veces, influye adversamente en la decisión de usar contraceptivos, con la excepción del método del ritmo°. Sin embargo, la investigación de Amaro Williams Vega y Ramón del Valle, ha demostrado que en muchos casos, las mujeres transgreden las reglas de la religión y no sólo usan contraceptivos, sino que recurren a abortos terapéuticos. Por eso, es un mito pensar que todas las mujeres latinas no se hacen abortos, ni° planifican sus familias. En la práctica, las mujeres a menudo° deben decidir sobre su cuerpo y fertilidad sin el apoyo° de instituciones como la iglesia y la familia.

*care; management
in charge of
that is why*

church

rhythm method

*neither ... nor
often; support*

Preguntas de comprensión

    1. ¿Cuál es un papel importante de la mujer latina?
    2. ¿Por qué visitan las mujeres mucho los centros de atención médica?
    3. ¿Cómo influye la iglesia en la planificación de la familia?
    4. ¿Qué ha demostrado la investigación de Amaro Williams Vega y Ramón del Valle?
    5. ¿Cúal es la conclusión de la lectura?

Actividad

A. El problema del aborto entre las mujeres latinas. Tome algunos minutos para pensar en los argumentos a favor o en contra del aborto. Discutan el tópico asumiendo el punto de vista de las personas siguientes.

    1. un sacerdote católico y papista
    2. una mujer tradicional con diez hijos
    3. una mujer aculturada con dos hijos
    4. una doctora joven
    5. una líder de la comunidad
    6. una especialista en sobrepoblación
    7. un obstetra anciano
    8. un hombre muy «macho»
    9. un esposo que quiere planificar su familia
  10. un especialista en infertilidad

Varias mujeres latinas

ASPECTOS DE LA CULTURA

La comida y la nutrición

La señora Suárez, una indígena Otomí, viene a la oficina del dietista con un problema de sobrepeso. El dietista conversa con ella. El dietista sostiene una pequeña conversación social antes de proceder a la entrevista.

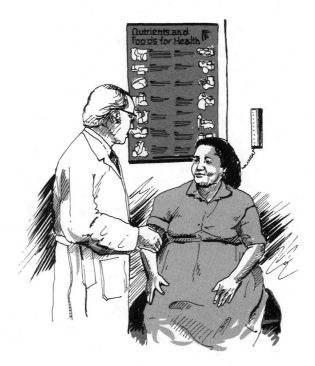

Hablando con el dietista

EL DIETISTA—Buenas tardes, señora Suárez. ¿En qué puedo servirla?

SRA. SUÁREZ—No sé cómo decirle . . . cómo empezar.

EL DIETISTA—A ver, dígame, ¿cómo está Ud.? . . . y su familia?

SRA. SUÁREZ—Pues, bien . . . yo creo . . . con excepción de mi mamá que ha estado bastante mala . . . ya lleva cinco días tirada en la cama.

EL DIETISTA—¿Qué tiene su mamá?

SRA. SUÁREZ—No sabemos . . . los achaques de la vejez! Ella está muy grande y cansada.

El profesional de salud comienza con la entrevista alimenticia.

EL DIETISTA—Vamos a ver . . . . Sra. Suárez, ¿cómo se ha sentido últimamente?

SRA. SUÁREZ—Para decirle la verdad . . . yo también me siento muy cansada. Es como si las piernas no soportaran mi peso. Necesito una dieta buena para adelgazar.

EL DIETISTA—Dígame, señora Suárez, ¿cuál es su comida normal? ¿Qué come todos los días?

SRA. SUAREZ—Este . . . déjeme pensar . . . pues la comida de todos. Comemos arroz, frijoles, algo de carne o pescado, eso sí, con muchas tortillas de maíz.

EL DIETISTA—¿Cuándo come todo eso?

SRA. SUAREZ—Pues, en la mañana, también al mediodía, y en la noche para la cena.

EL DIETISTA—¿Cuántos platos se sirve para cada comida?

SRA. SUAREZ—Unos tres o cuatro . . . depende del hambre que tenga.

EL DIETISTA—Me parece que su dieta es buena, pero la porción es mucha. Trate de comer lo mismo, pero en cantidades más pequeñas.

El dietista educa a la paciente y valoriza su cultura.

SRA. SUAREZ—Sí, ¡es verdad! Yo como mucho. Sabe . . . yo quiero saber eso de las proteínas.

EL DIETISTA—¡Cómo no! Algunos expertos en la dieta natural de los Otomíes piensan que al comer tortillas de maíz en combinación con frijoles, se forma una proteína vegetal completa.

SRA. SUAREZ—Eso quiere decir . . . ¿que tenemos una buena dieta?

EL DIETISTA—Sí, señora Suárez, la dieta está balanceada y tiene todos los requerimientos nutricionales.

SRA. SUAREZ—Entonces, Ud. está tratando de decirme que sólo tengo que comer menos de mi comida normal y que nuestra comida es buena.

EL DIETISTA—¡Así es! Pero también tiene que hacer más ejercicio.

Food and nutrition. *Mrs. Suárez, an Otomí Indian, comes to the dietitian's office with the problem of overweight. The dietitian talks to her. The dietitian holds a small social conversation before proceeding with the interview.* DIETITIAN—Good afternoon, Mrs. Suárez. How can I help you? MRS. SUAREZ—I don't know how to tell you . . . how to start. DIETITIAN—Let's see, tell me, how are you? . . . and your family? MRS. SUAREZ—Well, fine . . . I suppose . . . with the exception of my mother. She has been in bed for five days already. DIETITIAN—What's wrong with your mother? MRS. SUAREZ—We don't know . . . the problems of old age. She is very old and tired. *The health-care professional begins with the dietary history.* DIETITIAN—Let's see, Mrs. Suárez. How have you been feeling lately? MRS. SUAREZ—To tell you the truth, I also feel very tired. It is as if my legs will not support my weight. I need a good diet to lose weight. DIETITIAN—Tell me, Mrs. Suárez, what is your normal diet? What do you eat every day? MRS. SUAREZ—Ah . . . let me think . . . well, ordinary food (everybody's food). We eat rice, beans, some meat or fish and a lot of corn tortillas, of course. DIETITIAN—When do you eat all that? MRS SUAREZ—Well, in the morning, at noon, and also at night for dinner. DIETITIAN—How many servings do you get with each meal? MRS. SUAREZ—About three or four . . . it depends on how hungry I am. DIETITIAN—It seems to me that your diet is good, but the amount is too much. Try to eat the same diet, but in smaller quantities. *The dietitian educates the patient and validates her culture.* MRS. SUAREZ—Yes, it's true. I eat a lot. You know what? . . . I want to learn about the proteins. DIETITIAN—Yes, of course. Some experts in the natural diet of the Otomí Indians think that eating corn tortillas together with frijoles provides a complete vegetable protein. MRS. SUAREZ—Does that mean that we have a good diet? DIETITIAN—Yes, Mrs. Suárez, the diet is balanced and contains the required nutrients. MRS. SUAREZ—Then you are trying to tell me that I only have to eat less of my normal meals and that our food is good. DIETITIAN—That is correct (it is so), but you also have to exercise more.

Vocabulario

SUSTANTIVOS

el **achaque**   *ailment*
el **arroz**   *rice*
la **cena**   *dinner*
el **maíz**   *corn*
el **requerimiento**   *requirement*
el **sobrepeso**   *overweight*
la **vejez**   *old age*

VERBOS

adelgazar   *to lose weight*
pensar   *to think*
querer   *to want*
tratar de   *to try to*

FRASES UTILES

así es   *that is so*
como si   *as if*
eso sí   *of course*
menos   *less, fewer*
quiere decir   *it means, that is to say*

Actividad

A. La fórmula le dió diarrea al bebé. Practique una entrevista entre un profesional de salud y un padre que trae a un bebé con un problema de diarrea. Use sus conocimientos de sensibilidad cultural, tratando de aprender de la cultura y educando a la madre del paciente sobre la alimentación de los bebés. Trate de usar el vocabulario sugerido.

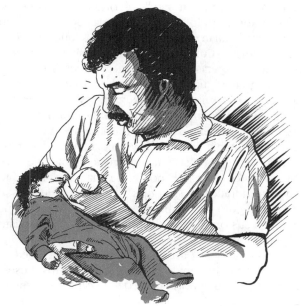

La fórmula le dió diarrea al bebé.

empeorar *to get worse*	**remedio casero** *home remedy*
ha estado llorón *he's been crying (fussy)*	**sin azucar ni miel** *without sugar or honey*
hervir el agua *to boil water*	**té de manzanilla** *camomile tea*
le dió diarrea *he got diarrhea*	**té simple** *diluted tea*

La leyenda del maíz

Quetzalcóatl era el dios-rey° de los aztecas. El fue el creador de los hombres del quinto sol°. Una vez° que creó a los hombres, se preocupó° de su alimentación. ¿Qué comerían los hombres? ¿Cómo se nutrirían? Se dedicó a rezar fervorosamente° a los otros dioses durante varios días, pidiéndoles comida para sus criaturas.

    Luego de un período de sacrificio, Quetzalcóatl se martirizó° con las púas del maguey°. Durante un período de profunda meditación, se concentró en su hogar para seguir sus plegarias°. De pronto° cayó en un profundo sueño°. El sueño era una revelación.

    En el sueño vió un hermoso campo° en todo el esplendor de la naturaleza. Casi inmediatamente distinguió entre la belleza natural del paisaje°, un agujero° muy grande. Este agujero conducía a un gran hormiguero°. Quetzalcóatl pudo observarlo por dentro y ver su organización y disciplina. Las hormigas° trabajaban pacífica y ordenadamente. Al cabo de un rato°, el orden misterioso de las hormigas fue interrumpido por la llegada de unos hombres desconocidos. Estos traían una carga° preciosa que las hormigas recibieron con alegría. Cuidadosamente, depositaron la carga en una de las galerías secretas. Quetzalcóatl comprendió que lo que traían eran unos granos° mágicos. El dios benefactor se quedó maravillado con el descubrimiento° de los granos y se despertó.

    El sueño tuvo su continuación en una de las noches siguientes. Esta vez, el dios Quetzalcóatl se vió transportado a un valle muy verde. Este valle contenía vegetación y estaba bañado° por un antiguo río°. El río permitía un sistema de irrigación muy flexible que hacía posible varias cosechas° al año . . . de una planta muy alta que escondía un fruto dorado° en sus hojas. Al despertar de este sueño, el dios-rey comprendió que había descubierto el maíz y que ésa era la respuesta a sus oraciones y la alimentación de sus criaturas.

    Caminó por varios días, decidido a encontrar el hormiguero del sueño. Por fin se sentó a descansar y a meditar. Medió por varias horas y rezó nuevamente con fervor a todos los dioses para que lo convirtieran en una hormiga pequeña capaz de penetrar en un hormiguero.

    Cuando terminó sus oraciones se vio convertido en una hermosa hormiga roja. Entonces, vio la entrada de un gran

god-king
fifth sun; once
he was concerned
to pray fervently

punished himself
maguey thorns
prayers
all of a sudden; dream

field

landscape; hole
ant hole

ants

after a while

load

grains
discovery

was irrigated
ancient river
harvests
golden fruit

hormiguero, muy similar al del sueño. Una vez adentro del agujero, corrió hacia las galerías secretas y sacó° un grano de maíz enorme para su pequeño cuerpo. Regresó con los hombres que había creado y les regaló° el maravilloso grano°. Éstos lo depositaron en la tierra. A los pocos meses los protegidos de Quetzalcóatl pudieron cosechar las primeras mazorcas°. Era el principio del maíz para los aztecas.

took out

gave them (as) a present; marvelous grain
corn husks

El original fue escrito por Hernán Cortés y publicado como Cartas y Relaciones con otros documentos relativos a la vida y las empresas del Conquistador. *(Publicado en Buenos Aires, por Emecé editores en 1946. p. 376)*

Preguntas de comprensión

1. ¿Quién era Quetzalcóatl y a quiénes creó?
2. ¿De qué se preocupó después de la creación?
3. ¿Dónde se concentró para rezar?
4. ¿Qué vio en el sueño?
5. ¿Qué pudo observar dentro del hormiguero y por qué quedó maravillado?
6. ¿Cómo continuó el sueño en una de las noches siguientes?
7. ¿Qué comprendió el dios-rey al despertar del sueño?
8. ¿A quiénes le pidió Quetzalcóatl que lo convirtieran en una hormiga roja?
9. ¿Qué sacó de adentro del agujero y a quiénes les regaló esto?
10. ¿Qué hicieron los protegidos del dios-rey con el grano maravilloso?

Actividad

A. Variaciones de la leyenda. Pensando en las ideas principales de la historia, cree su propia leyenda. Note el ejemplo de variación de la leyenda que aparece en la respuestas al final del capítulo.

IDEAS PRINCIPALES

1. Quetzalcóatl creó a los hombres del quinto sol y se preocupó de su alimentación.
2. Para conseguir comida para sus criaturas, rezó fervorosamente a los otros dioses.
3. Tuvo un sueño-revelación.
4. En el sueño vió un hormiguero.
5. Unos hombres extraños trajeron unos granos al hormiguero.
6. En el segundo sueño vió un valle muy fértil con plantas muy altas.

7. Al despertar, comprendió que las plantas eran el maíz y que debía buscar un hormiguero con el grano maravilloso.
8. Convertido en hormiga, entró en un hormiguero y se robó uno de los granos maravillosos.
9. Llevó el grano a los hombres del quinto sol.
10. Los hombres plantaron el grano y cosecharon el primer maíz.

DIFERENCIAS CULTURALES Y ETICA PROFESIONAL

La sala de emergencia

Tres escenas con diferencias culturales

Primera escena: Un paciente latino ingresa° en la sala de emergencia de un hospital por la noche. Viene con los síntomas de la enfermedad de Hodgkin°, en estado muy avanzado ya°. La familia lo acompaña y trata de hacer todas las decisiones por él. Confrontados con la forma de consentimiento para internarlo° en el hospital, no desean que el paciente se entere° de la gravedad de su enfermedad e impiden que el paciente lo firme°. El personal médico de emer-

is admitted

Hodgkin's disease; very advanced stage
to admit him
finds out
signs it

gencia se frustra, porque se encuentran en conflicto con un sistema cultural muy diferente. Sus limitaciones son de origen linguístico y cultural, porque no conocen la lengua española y los valores culturales. Tampoco hay intérpretes en el turno de noche°, agravando la falta de comunicación.

night shift

Segunda escena: El segundo día en el hospital, el paciente pide a su familia que le traigan una comida de casa°. La sopa de pollo se considera fundamental en el restablecimiento de la salud. El paciente está tomando la sopa cuando, accidentalmente, se ahoga° con la sopa. El personal médico, nervioso con las barreras de comunicación, se tarda° en colocarle un tubo de traqueotomía para ayudarle a respirar. Como resultado°, el paciente entra en estado de coma y se confirma el diagnóstico de anoxia encefalopática. La familia estalla° en manifestaciones de dolor y rechazo° al personal médico. Todo en español.

home-made food

chokes

takes a long time
As a result

breaks out; rejection

Tercera escena: El equipo médico que atiende al paciente decide quitar el sistema de apoyo respiratorio° cuando concluye que el paciente ha sufrido daños irreversibles al cerebro y que no hay esperanza de vida. La familia reacciona con profundo rencor° y desagrado°, porque en su sistema de valores y creencias, la esperanza es lo último° que se pierde. Sólo Dios puede decir lo que° ocurrirá con la vida.

respiratory support system

anger
displeasure
last thing; what

Preguntas de comprensión

1. ¿Qué pasa en la primera escena?
2. ¿Con qué síntomas viene el paciente?
3. ¿Qué barreras culturales se presentan con la forma del consentimiento?
4. ¿En qué consiste el conflicto cultural entre el paciente latino y el personal médico de este hospital?
5. ¿Cómo influye el que no haya intérpretes en el turno de noche?
6. ¿Qué sucede en el segundo día?
7. ¿Por qué se enfurece° la familia al producirse el estado de coma? ¿A quiénes culpan?

    gets mad
8. ¿Qué ocurre en la tercera escena?
9. ¿Cuál es el diagnóstico que hace concluir que la muerte es inminente?
10. ¿Cómo percibe el mismo problema la familia?

Actividades

A. Comparando valores: Entrevista personal. Prepare preguntas considerando valores culturales diferentes en la cultura latina. Un paciente hospitalizado con el SIDA. Formule preguntas para saber: Importancia que tiene la familia en el sistema de apoyo del paciente. Noción de la idea de Dios o preferencias filosóficas o religiosas en su vida. Conceptualización y miedo o aceptación de la muerte.

B. Comunicación entre culturas. Dé su perspectiva personal y profesional sobre los puntos siguientes.

1. ¿Qué piensa Ud. sobre la autonomía y capacidad de decisión que debe tener un enfermo?
2. ¿Qué significa para Ud. ser «eficiente» con un paciente latino?
3. ¿Cuál es la ética profesional más apropiada en el cuidado médico de pacientes latinos?
4. ¿Cómo se puede llegar a ser culturalmente sensible con pacientes de otras culturas?
5. ¿Cuál cree Ud. que debe ser el rol de los intérpretes en el equipo médico y cuál es la perspectiva que los intérpretes tienen?

RESPUESTAS A LAS ACTIVIDADES DEL CAPITULO

A. Conocimientos de comunicación inter-cultural

1. c 2. d 3. a 4. a 5. b

A. Variaciones de la leyenda

1. Quetzalcóatl creó a los hombres del quinto sol y se preocupó de su salud.
2. Para aprender de medicina consultó a los brujos de otra tribu.
3. Los brujos le revelaron que el secreto de la vida era la salud del corazón.
4. En la revelación del primer día vió que ellos usaban plantas medicinales.
5. Unas mujeres extrañas trajeron las hojas de unas hierbas mágicas a la cueva de los brujos.
6. En la segunda revelación vió que esas plantas crecían cerca de la tribu de los brujos.
7. Cuando terminó la revelación comprendió que la planta medicinal, para la regularización del corazón, era el digital.
8. Disfrazado de campesino una noche se robó la semilla del digital.
9. Llevó esta semilla a los hombres del quinto sol.
10. Ellos la plantaron y tuvieron la primera medicina cardíaca.

Appendices

GLOSARIO DE ENFERMEDADES

ENGLISH	STANDARD SPANISH	COLLOQUIAL SPANISH
abscess	el **absceso**	los **nacidos**, el **grano**, _____ los **furúnculos**, _____ _____
acne	el **acné**	las **espinillas**, los **barros**, _____ _____ _____
AIDS	el **SIDA**	_____
alcoholism	el **alcoholismo**	_____
allergies	las **alergias**	_____
anemia	la **anemia**	la **sangre débil**, la **sangre pobre**, la **poca sangre**, _____
anxiety	la **ansiedad**	las **ansias**, la **angustia**, los **nervios**, _____
appendicitis	el **apendicitis**	el **mal del apendis**, el **apendis**, _____
arthritis	la **artritis**	el **reuma**, _____
asthma	el **asma**	el **ahoguío**, el **mal del pecho**, _____
bite	la **mordedura de perro**	la **mordida**, _____ _____
bronchitis	la **bronquitis**	_____
brucellosis	la **brucelosis**	la **fiebre de Malta**, _____ _____
burns	la **quemadura**	_____
buzzing (in the ears)	el **tinitus**	el **zumbido en los oídos**, _____ _____
cancer	el **cáncer**	_____ _____

cataracts	las **cataratas**	la **nube del ojo**, _____
cirrhosis	la **cirrosis**	_____
chicken pox	la **varicela**	las **viruelas locas**, la **peste cristal**, _____
congestion	el **constipado**	la **congestión**, el **resfrío**; tener **tapado algo**, _____
conjunctivitis	la **conjuntivitis**	el **mal del ojo**, el **aire en el ojo**, _____
constipation	el **estreñimiento**	el **empacho**; estar **estítico**, _____
convulsions	las **convulsiones**	los **ataques**, los **tiritones**, _____
cold	el **resfriado común**	el **catarro**, el **enfriamiento**, la **gripe**, _____
dehydration	la **deshidratación**	la **caída de la mollera**; estar **seco**, _____
diabetes	la **diabetes**	la **diabetis**, _____
dysentery	la **disentería**	la **diarrea**; obrar con **sangre**, _____
dislocation	la **dislocación**	los **huesos zafados**, _____
emotional shock	el **choque emocional**	el **susto**, el **coraje**, _____
emphysema	el **enfisema**	_____
epileptic attack	el **ataque de epilepsia**	el **baile de zambito**, _____

erysipelas	la **erisipela**	_____
		_____
evil eye	el **mal de ojo**	estar ojeado, -a, _____
		_____
fallen fontanelle	la **mollera caída**	la **caída de la mollera**, _____
		_____
flank pain	el **dolor del costado**	el **dolor de ijar**, la **puntada**, ____
		_____
flu	la **influenza**	la **gripe**, la **gripa**, _____
		_____
		_____
fractures	la **fractura**	los **huesos quebrados**, _____
		_____
fungus infection	la **infección de hongos**	la **tiña**, los **jiotes**, los **empeines**,
		_____
gallbladder disease	la **enfermedad de la vesícula**	el **bilis**, el **mal de hiel**, _____
		_____
		_____
gangrene	la **gangrena**	la **cangrena**, _____
		_____
goiter	el **bocio**	el **buche**, _____
		_____
gonorrhea	la **gonorrea**	el **chorro**, la **gota**, la **purgación**,
		_____
		_____
headache	el **dolor de cabeza**	el **mal de la cabeza**, _____
		las **jaquecas**, _____
herpes zoster, shingles	el **herpes**	el **zoster**, los **fuegos**, las **ampollas**,
		_____
		_____

heart attack	el **infarto del corazón**	el **ataque**, el **mal del corazón**, _____
heart murmur	el **soplo**	el **murmullo**, el **soplo**, _____
hemorrhoids	las **hemorroides**	las **almorranas**, _____
hepatitis	la **hepatitis**	(*confused with* la **ictericia**), _____
hernia	la **hernia**	la **rotura**, el **desaldillado**; **quebrarse**, _____
hydrophobia	la **hidrofobia**	la **rabia**, _____
hypertension	la **presión arterial alta**	la **presión alta**, la **tensión alta**, _____
infection (ear)	la **infección de los oídos**	la **infección de sentidos**, _____
intussusception	la **intususcepción**	la **obstrucción de la tripa**, _____
jaundice	la **ictericia**	la **tirisia**, _____
leprosy	la **lepra**	el **Lazarín**, el **mal de San Lázaro**, el **mal de Hansen**, _____
malaria	el **paludismo**	la **malaria**, _____
measles	el **sarampión**	el **sarampión malo**, la **alfombrilla**, _____

meningitis	la **meningitis**	_____
		_____
menopause	la **menopausia**	el **cambio de vida,** _____
mental disease	la **enfermedad mental**	los **nervios,** la **locura,** _____
		_____
migraine headache	la **jaqueca**	la **migraña,** _____
		_____
mumps	las **parótidas,** las **paperas falfallota**	las **paperas,** _____
nervous breakdown	el **colapso nervioso**	la **enfermedad nerviosa,** el **desgonzamiento,** _____
		_____
Parkinson's disease	el **parquinsonismo**	_____
parasite infestation	la **parasitosis**	los **gusanos,** los **animalitos,** las **lombrices,** _____
pertussis	la **tos ferina**	la **tos ahogona,** el **coqueluche,** la **tos convulsiva,** _____
		_____
peritonitis	la **peritonitis**	la **panza peligrosa,** _____
		_____
phlebitis	la **flebitis**	las **várices,** _____
pneumonia	la **pulmonía**	la **neumonía,** la **pulmonía,** _____
		_____
poisoning	el **envenenamiento**	la **intoxicación,** _____
		_____
		_____

poliomyelitis	la **poliomielitis**	la **polio**, la **parálisis infantil**,
		_____
		_____
prostatitis	la **enfermedad de la próstata**	el **tapado del caño** (**del orín**),
		_____
		_____
pterigium	el **pterigión**	la **carnosidad en el ojo**, _____
rheumatism	el **reumatismo**	las **reumas**, _____
		_____
mange	la **sarna**	la **guaguana**, el **gusto**,
		las «**roñas**», _____
		_____
sinusitis	la **sinusitis**	_____
		_____
smallpox	la **viruela**	_____
		_____
sting	la **picadura de insectos**	la **picada**, el **piquete**, _____
		_____
stones	los **cálculos**	las **piedras**, _____
		_____
stroke	el **embolismo**	el **ataque cerebral**, la **embolia**, el **embolio**, el **derrame del cerebro**, _____
		_____
		_____
sty	el **orzuelo**	la **perrilla**, el **grano en el ojo**,
		_____
		_____
sunstroke	la **insolación**	el **golpe de calor**, _____
		_____

surfeit	la **indigestión**	el **empacho,** _____
		_____
syphilis	la **sífilis**	la **mala sangre,** la **infección de la sangre,** la **enfermedad venérea,**
		_____
tetanus	el **tétano**	el **pasmo seco,** _____
		_____
tetanus of the newborn	el **tétano del recién nacido**	el **mozuzuelo,** el **moto,** _____
		_____
tinnitus	el **tinitus**	el **zumbido en los oídos,** _____
		_____
trichinosis	la **triquinosis**	_____
		_____
tuberculosis	la **tuberculosis**	el **tísico,** la **tisis,** la **tis; estar afectado** (o **manchado**) **del pulmón,** _____
		_____
		_____
typhoid fever	la **fiebre tifoidea**	_____
scrofula	el **tifus de los nódulos linfáticos**	la **escrófula,** _____
		_____
		_____
typhus	el **tifus**	el **tifo,** _____
		_____
ulcers	las **úlceras**	el **dolor de aire,** el **empacho,**
		_____
		_____
urinary infection	la **infección urinaria**	el **mal de orín,** _____
		_____

varicose veins	las **várices**	las **venas varicosas,** _____ _____
venereal disease	las **enfermedades venéreas**	la **enfermedad secreta,** _____ _____
warts	las **verrugas**	los **mesquinos,** _____ _____

GLOSARIO DE SINTOMAS

ENGLISH	STANDARD SPANISH	COLLOQUIAL SPANISH
abrasions	las **raspaduras**	las **peladuras,** _____ _____
anxious (to be)	**estar nervioso**	**tener angustia, tener ansias, estar alterado, estar desesperado, desgonzarse,** _____ _____
appetite change	el **cambio de apetito**	**tener mucha** (o **poca**) **hambre,** _____
backache	el **dolor de espalda**	el **dolor de aire,** el **dolor de riñones,** _____
bad smell	el **mal olor**	**hediondo, podrido,** _____ _____
belch (to)	**eruptar**	**erutar, repetir,** _____ _____
blackheads	las **espinillas**	los **barros,** _____ _____
bleeding (unexplained)	el **derrame**	la **hemorragia,** _____ _____
blindness	la **ceguera**	_____
blisters	las **ampollas**	las **ampollitas,** los **granitos,** ___ _____
blood clot	el **coágulo**	el **cuajarón,** el **cuajo,** _____ _____
blood in urine	la **sangre en la orina**	la **sangre en el orín,** el **mal de orina,** _____
blood	la **sangre**	_____
blood in excrement	la **sangre en el excremento**	la **caca con sangre,** _____ _____

blood in sputum	la **sangre en el esputo**	**escupir con sangre,** _____
blurred vision	la **visión borrosa**	la **vista nublada** (o **emborronada**), _____
breath (shortness of)	la **falta de respiración**	la **falta del aliento**, la **falta de aire**, la **falta de resuello; darle ahoguíos, sentirse ahogado, no sacar la respiración, faltarle el aire, sentir ahogamiento, respirar con chiflido,** _____
bruise	el **moretón**, el **hematoma**	el **morado**, la **magulladura**, el **moretón**, el **morete**, el **cardenal,** _____
burning	el **ardor**	_____
cavities	las **caries**	las **picaduras,** _____
chills	los **escalofríos**	**entrarle calores y fríos,** _____
cold extremities	las **extremidades frías**	**tener los pies** (o **manos**) **frías, tener enfriamiento de los pies** (o **manos**), _____
congested (to be)	**estar congestionado**	**tener la congestión, tener tapados** (los **oídos**, la **nariz**), **estar obstruído, estar constipado,** _____
constipation	el **estreñimiento**	la **constipación**, la **dispepsia**, el **estómago sucio; estar duro,**

		tener indigestión, estar
		entripado, _____
		_____
contractions	las **contracciones**	los **dolores,** _____
		_____
convulsions	las **convulsiones**	la **alferecía,** _____
		_____
cough	la **tos**	_____
cramps (muscular)	los **calambres**	_____
cramps (menstrual)	los **dolores de la regla**	el **retortijón,** el **retorcijón,** _____
		_____
cramps (abdominal)	los **dolores de estómago**	los **cólicos,** los **retorcijones,** los **torzoncitos,** los **torzones,** el **dolor de panza,** _____
cysts	los **quistes**	las **bolsas de pus,** los **abscesos,** _____
depressed (to be)	**estar deprimido**	**tener el susto, tener tristeza, no tener ganas de nada, tener «coraje»,** _____ _____
diarrhea	el **excremento suelto**	la **soltura,** la **diarrea,** la **colitis,** _____
discharge (vaginal)	la **secreción**	el **líquido,** el **flujo,** el **desecho,** _____
discharge (menstrual)	la **menstruación**	la **regla,** el **flujo,** el **período,** la **visita** _____
discharge (breast)	la **secreción**	el **desecho,** _____ _____
discharge (nasal)	la **mucosidad**	el **desecho,** el **moco,** la **moquera,** el **escurrimiento,** _____ _____

discharge (penis)	el **pus del pene**	la **purgación**, _____ _____
dizziness	los **mareos**	las **atarantas**, las **borracheras**; **darle vueltas las cosas a uno, estar mareado**, _____ _____
double vision	la **visión doble**	**ver dos, ver doble**, _____
drain (to)	**supurar**	**supurar**, _____ _____
dryness	la **sequedad**	la **partidura**, las **rajaduras**, ___ _____
earache	el **dolor de oídos**	la **dolencia**, la **molestia**, el **malestar**, el **dolor de sentidos**, _____
enlargements of the vein	el **agrandamiento de las venas**	las **venas agrandadas**, las **várices**, _____
faint (to)	**desmayar**	**perder el conocimiento, desvanecer, estar inconsciente, perder los sentidos**, _____ _____
fatigue	la **fatiga**, el **cansancio**	el **decaimiento**, la **pesadez**, la **flojera**; **estar rendido, estar desgonzado**, _____
fever	la **fiebre**, la **temperatura**	la **calentura**, _____ _____
headache	el **dolor de cabeza**	_____
hearing (lack of)	la **falta de audición**, la **pérdida del oído**	la **sordera**; **no tener bien el sentido, no oír bien**, _____ _____ _____ _____ _____

heartburn	la **acidez**	las **agruras**, el **dolor de aire en el estómago**, las **acedías**, _____
hemorrhage	la **hemorragia**	el **sangrado; sangrar, salir sangre, tener sangramiento**, _____
hives	las **ronchas**	los **salpullidos**, los **granos**, las **roñas**, _____
hoarseness	la **ronquera**	**estar ronco, estar afónico**, _____
hot flashes	los **bochornos**	los **sofocones**, los **calores**, los **calosfríos**, _____
itching	la **comezón**, la **picazón**	la **rasquera**, la **piquina**, _____
labored breathing	la **dificultad al respirar**	la **respiración con esfuerzo**, el **resuello**, _____
libido (change in)	el **cambio en el líbido**	**no tener ganas de hacer el amor, tener muchas ganas de estar con un hombre o una mujer**, _____
mass, lumps	las **masas**, las **protuberancias**	las **bolitas**, las **bolas**, los **porotos**, los **tumores**, _____
miss a period	**no bajar la regla**	**no tener el período (la menstruación, la visita, la regla)**, _____

myocardial infarction	el **infarto del corazón**	el **ataque al corazón**, _____ _____ _____
myopia	la **miopía**	el **corto de vista**, _____ _____
nausea	las **náuseas**	tener ganas de vomitar, tener **bascas**, _____
numbness	el **entumecimiento**	**estar entumecido**, estar **entumido**, quedársele dormido algo a uno, dormírsele algo a uno, _____ _____
pain in testicles	el **dolor en los testículos**	el **dolor en las partes privadas** (los **compañones**, los **huevos**), _____
pain when urinating	el **dolor al orinar**	el **mal de orina**, _____
pain in the muscles	el **dolor de músculos**	_____
pain in the chest	el **dolor de pecho**	las **anginas**, el **dolor del corazón**, _____
pain in the stomach	el **dolor de estómago**	el **dolor de barriga**, el **dolor de panza**, el **dolor de guata**, _____
palpitation (of the heart)	la **palpitación**	los **latidos**, los **brincos**, los **saltos del corazón**, _____ _____
phlegm (thick)	la **flema espesa**	el **escupo**, el **gargajo**, los **mocos**, _____
pimple	el **grano**	el **granito**, el **barro**, _____ _____

polydipsia	**tener mucha sed**	**tener ganas de tomar líquidos (agua,** etc.**),** _____ _____
polyphagia	**tener mucho apetito, tener excesivo apetito**	**tener mucha hambre, tener ganas de comer,** _____ _____ _____
polyuria	**orinar demasiado**	**mal de orina; hacer de las aguas, hacer pi-pí, tirar el chorro, tirar el agua,** _____
pregnant	**embarazada**	**preñada, encinta; estar esperando un bebé, estar en estado, estar panzona,** _____ _____
pressure on the chest	**sentir presión en el pecho**	**tener el pecho apretado,** _____ _____ _____
pus	**la pus**	**el líquido amarillento (verdoso),** _____ _____
rash	**el salpullido**	**el sarpullido, la rozadura,** _____ _____
redness of the eyes	**el enrojecimiento, la irritación**	**tener los ojos rojos,** _____ _____
rigidity	**la rigidez**	**estar tieso, estar engarrotado,** _____ _____
scratches	**los rasguños**	_____ _____
sensation (loss of)	**la falta de sensación**	**la pérdida del sentido,** _____ _____
sleepy, drowsy (to be)	**tener sueño, estar somnoliento**	**amodorrado, encamorrado,** _____

sneeze (to)	**estornudar**	_____
sores	las **llagas**	_____
		_____
spots	las **manchas**	_____
sputum, phlegm	la **flema**, el **esputo**	el **escupo**, la **saliva**, la **baba**, _____
sweating	el **sudor**	la **transpiración**, _____ _____
swelling	la **hinchazón**, la **inflamación**	**tener hinchados, inflamársele algo a uno,** _____ _____
swollen hands	la **hinchazón de las manos**	_____
swollen feet	la **hinchazón de los pies**	_____
swollen ankles	la **hinchazón de los tobillos**	_____
swollen tonsils	la **hinchazón de amígdalas**	la **hinchazón de las anginas,** _____
tears	las **lágrimas**	_____
throat (sore)	el **dolor de garganta**	_____
to see spots	**ver manchas**	**ver puntitos negros,** _____ _____
trauma	la **contusión**	el **golpe,** _____ _____
tremors	los **temblores**	los **tiritones,** _____
tumors, growths	los **tumores**	los **bultos**, las **cosas duras**, los **endurecimientos**, las **bolas,** ____ _____
vomit (to)	**vomitar**	**deponer, gomitar, arrojar,** ____ _____ _____

vomit, vomiting	los **vómitos**	las **bascas,** la **arrojadera,** los **arrojos,** _____ _____
weakness	la **debilidad**	el **cansancio,** los **achaques,** el **desgonzamiento,** la **falta de ánimo,** la **falta de energía; no tener fuerzas,** _____ _____
weight change	el **cambio de peso**	**adelgazar, engordar,** _____ _____
wounds	las **heridas**	_____ _____

LOS SINTOMAS

GENERALES
el **cambio de peso** o **de apetito** / **dormir** / el **cansancio** /
la **fiebre** / el **escalofrío** / el **sudor**

LA PIEL
la **erupción de la piel** / la **comezón** / el **sudor** / la **sequedad** /
el **cambio de pelo** o **de uña**

LA SANGRE
el **golpe** / el **moretón** / **sangrar**

EL OIDO
el **zumbido** / **no oír bien** / el **dolor** / el **desecho**

LOS OJOS
la **visión emborronada** o **borrada** / las **lágrimas** /
el **daltonismo** (*colorblindness*)

LA NARIZ
el **desecho** / la **sangre**

LA GARGANTA
la **ronquera** / la **congestión** / la **sensibilidad al tocar** /
las **masas**

LOS DIENTES
el **dolor** / la **hinchazón** / las **caries**

LOS SENOS
las **masas** / el **desecho** / el **dolor**

ENDOCRINO
la **tolerancia al calor** o **al frío** / el **cambio de apetito** o **de la sed**

NEUROLOGICO
el **dolor de cabeza** / la **visión doble** / la **falta de visión** /
los **ataques** / los **temblores** / la **falta de sensación** /
los **nervios** / la **depresión**

LA RESPIRACION
la **dificultad al respirar** / la **respiración con esfuerzo** /
los **cambios en la flema** / el **resuello** / las **borracheras**

CARDIOVASCULAR
el **dolor del pecho** / la **palpitación** / el **tobillo hinchado** /
las **extremidades frías** / las **venas engrandecidas**

GASTRO-INTESTINAL
el **cambio de apetito** o **de la sed** / la **náusea** / los **vómitos** /
la **sangre** / el **dolor del estómago** / el **excremento con sangre** /
la **diarrea** / el **estreñimiento** / el **cambio del color del excremento**

GENITO-URINARIO
LOS CAMBIOS EN LA ORINA: la **dificultad al orinar** / la **frecuencia** /
el **dolor** / el **ardor** / la **sangre**

VARON: el **dolor del testículo** / la **hinchazon** / el **desecho** /
el **cambio en el líbido**

DAMAS: la **última regla**   /   la **regularidad**   /   el **desecho**   /
el **flujo**   /   la **sangre en exceso**   /   el **cambio en el líbido**   /
los **embarazos**

LOS MUSCULOS   /   LAS ARTICULACIONES
los **dolores de los músculos**   /   el **dolor de espalda**   /
la **debilidad**   /   el **movimiento limitado**   /
la **hinchazón de las articulaciones**

PARTES DEL CUERPO

ENGLISH	STANDARD SPANISH	COLLOQUIAL SPANISH
abdomen	el **abdomen**	el **estómago,** _____ _____
Adam's apple	la **nuez de Adán**	la **nuez de la garganta,** el **cogote,** _____
ankle	el **tobillo**	_____
anus	el **ano**	el **recto** (*confused with "rectum"*), _____ _____
appendix	el **apéndice**	el **apendis,** _____ _____
arm	el **brazo**	_____
armpit	la **axila**	el **sobaco,** _____ _____
artery	la **arteria**	_____
back	la **espalda**	el **espinazo,** el **lomo,** _____
beard	la **barba**	_____
belly button	el **ombligo**	_____
bladder	la **vejiga**	_____
blood	la **sangre**	el **coco,** la **pupa,** _____ _____
bone marrow	la **médula espinal**	el **tuétano,** _____ _____
bone	el **hueso**	_____
brain	el **cerebro**	la **cabeza,** los **sesos,** el **coco,** las **canicas,** _____ _____
breast	el **seno**	los **pechos,** las **chichis,** las **peras,** el **busto,** las

		tetas, las **mamas**, _____
breastbone	el **esternón**	el **hueso del pecho**,
bronchial tube	el **bronquio**	los **tubos**, _____
buttocks	la **nalga**	las **sentaderas**, la **cola**, las **petacas**, las **nachas**,
calf	la **pantorrilla**	el **chamorro**, el **platanillo**, _____
cervix	el **cuello del útero**	el **cuello de la matriz**,
cheek	la **mejilla**	el **cachete**, _____
chest	el **tórax**	el **pecho**, _____
chin	la **barbilla**, el **mentón**	la **piocha**, _____
clitoris	la **clítoris**	la **pepa**, _____
coccyx	la **coxis**	la **cocciz**, la **rabadilla**, la **colita**, _____
collarbone	la **clavícula**	el **hueso del cuello**,
colon	el **colon**	el **intestino mayor**,
complexion	el **cutis**	la **piel**, _____

crotch	la **entrepierna**	el **empeine,** _____
		_____
duodenum	el **duodeno**	_____
ear, external	la **oreja**	_____
ear, internal and middle	el **oído**	_____
elbow	el **codo**	_____
esophagus	el **esófago**	el **tragante,** el **tragade-ro,** la **boca del estóma-go,** _____ _____
eye	el **ojo**	la **vista,** _____ _____
eyebrow	la **ceja**	_____
eyelash	la **pestaña**	_____
eyelid	el **párpado**	_____
face	la **cara**	el **rostro,** _____ _____
Fallopian tube	la **trompa de Falopio**	el **tubo,** el **tubo Falo-pio,** los **tubos,** _____ _____
finger	el **dedo**	_____
fontanelle	la **mollera**	el **celebro,** _____ _____
foot	el **pie**	los **pies,** _____ _____
forehead	la **frente**	_____
gallbladder	la **vesícula**	la **hiel,** la **yel,** _____ _____
genitals	los **genitales**	las **partes,** el **entresijo,** las **vergüenzas,** _____ _____

gland	la **glándula**	_____
groin	la **ingle**	el **entresijo**, la **aldilla**,
		_____
hair	el **pelo**	el **cabello**, las **greñas**,
		_____
body hair	el **vello**	_____
pubic hair	el **vello**	el **pendejo**, _____
		_____
hand	la **mano**	_____
head	la **cabeza**	la **chompeta**, la **chaveta**, el **coco**, _____
		_____
heart	el **corazón**	_____
heel	el **talón**	_____
hip	la **cadera**	el **cuadril**, _____
		_____
index	el **índice**	_____
intestine	el **intestino**	la **tripa**, _____
		_____
large	el **intestino mayor**	_____
small	el **intestino delgado**	_____
jaw	la **mandíbula**	la **quijada**, _____
		_____
joint	la **articulación**	la **coyuntura**, la **coyontura**, _____
		_____
kidney	el **riñón**	_____
knee	la **rodilla**	_____
knuckle	el **nudillo**	_____
larynx	la **laringe**	_____
leg	la **pierna**	la **pata**, _____

lip	el **labio**	la **trompa,** ———————
		———————————
liver	el **hígado**	———————————
lung	el **pulmón**	———————————
moustache	el **bigote**	el **mostacho,** ————
		———————————
mouth	la **boca**	la **trompa,** el **hocico,**
		———————————
muscle	el **músculo**	———————————
nail	la **uña**	la **garra,** la **pezuña,**
		———————————
navel	el **ombligo**	———————————
neck	el **cuello** (*front part*)	———————————
	la **nuca** (*back part*)	el **pescuezo,** el **cerebro,** ———————
		———————————
nerve	el **nervio**	———————————
nose	la **nariz**	———————————
nostril	la **ventanilla**	las **narices,** ————
		———————————
ovary	el **ovario**	———————————
pancreas	el **páncreas**	———————————
pelvis	la **pelvis**	**por dentro,** ————
		———————————
penis	el **pene**	el **palo,** el **falo,** el **miembro,** la **cosa,** el **chile,** la **verga,** el **pito,** la **macana,** el **bat,** la **vichola,** ———————
		———————————

pit of the stomach	el **epigastrio**	la **boca del estómago,** _____
prostate gland	la **próstata**	la **glándula masculina** (*confused with* **pene**), _____
pubic region	el **pubis**	el **empeine,** las **partes privadas,** las **verijas,** las **partes secretas,** las **partes femeninas,** ____ _____
pupil	la **pupila**	la **niña,** _____
rectum	el **recto**	el **ano,** el **trasero,** el **culo,** _____
rib cage	la **caja toráxica**	las **costillas,** _____
rib	la **costilla**	
scalp	el **cuero cabelludo**	el **casco de la cabeza,** _____
scrotum	el **escroto**	_____
shin	la **espinilla**	_____
shoulder blade	la **escápula**	la **paleta,** _____
shoulder	el **hombro**	la **espalda,** _____
side	el **lado**	el **costado,** el **ijar,** ____ _____
skeleton	el **esqueleto**	los **huesos,** _____

skin (*of the face*)	la **piel**	el **cuero**, la **carne**, el **pellejo**, ———— ————————
skull	el **cráneo**	la **calavera**, ———— ————————
spleen	el **bazo**	————————
stomach	el **estómago**	la **panza**, la **barriga**, ————————
temple	la **sien**	la **cabeza**, ———— ————————
testicle	el **testículo**	las **bolas**, los **huevos**, las **pelotas**, las **verijas**, los **cojones**, los **bemo-** **les**, los **compañeros**, ————————
thigh	el **muslo**	la **pierna**, ———— ————————
thorax	el **tórax**	el **pecho**, ———— ————————
throat	la **garganta**	el **tragadero**, ———— ————————
thumb	el **pulgar**	el **dedo gordo**, ———— ————————
thyroid	la **tiroides**	el **bocio**, ———— ————————
toe	el **dedo del pie**	————————
toenail	la **uña del dedo del pie**	————————
tongue	la **lengua**	————————
tonsil	la **amígdala**	las **anginas**, la **agalla**, ————————

tooth	el **diente**	la **dentadura**, _____ _____
trachea	la **tráquea**	el **gaznate**, _____ _____
urethra	la **urétra**	el **caño**, el **cañón**, _____ _____
uterus	el **útero**	la **matriz**, el **vientre**, _____
uvula	la **úvula**	la **campanilla**, _____ _____
vagina	la **vagina**	el **bizcocho**, la **pano-cha**, _____ _____
valve	la **válvula**	_____
vein	la **vena**	_____
vertebra	la **vértebra**	los **huesos**, _____ _____
waist	la **cintura**	la **espalda** (*lower back*), el **talle**, _____ _____
wrist	la **muñeca**	_____

Spanish-English
Vocabulary

The Spanish-English vocabulary contains most of the words that appear in this book with the following exceptions:

1. Sentences or common medical phrases already translated in the text.

2. Most cognates.

In addition, the following grammatical terms are also omitted from the vocabulary:

1. Conjugated verb forms.

2. Pronouns.

3. Articles.

4. Possessive adjectives.

5. Demonstrative adjectives.

6. Adverbs ending in *-mente*.

7. Relative pronouns.

The emphasis is on the medical and culture-specific terms that may be difficult to find in standard dictionaries. For these two categories only the meanings used in the text are provided.

The gender of nouns is indicated except for masculine nouns ending in *-o* and feminine nouns ending in *-a*.

The Spanish style of alphabetization is followed, with **ch** occurring after **c**, **ll** after **l**, and **ñ** after **n**.

The following abbreviations are used.

adj.	adjective	*m.*	masculine
coll.	colloquial	*med.*	medical usage
conj.	conjunction	*Mex.*	Mexican usage
cult.	culture-specific	*n.*	noun
dim.	diminutive form	*pl.*	plural
emph.	emphatic	*prep.*	preposition
f.	feminine	*s.*	singular
inf.	infinitive	*v.*	verb

A

abandonar to leave

aborto espontáneo miscarriage

aceite *m.* oil; **aceite de castor** castor oil

acidez *f.* heartburn

acoger to shelter

aconsejar to advise

acostumbrado, -a *adj.* used to

actualidad: en la actualidad nowadays

además in addition, moreover

agotador/a *adj.* exhausting

agradecer to thank

agrandamiento *n.* enlargement; **agrandamiento de las venas** enlargement of the veins

agruras *Mex.* heartburn

agudizarse to become more acute

agudo, -a *adj.* acute

aguja needle

ahí: de ahí therefore, hence

ahogo *med.* difficulty breathing

ahora mismo right away

ahorita *coll.* right now

alarma generalizada generalized fear

alguien somebody

aliviarse to give birth; to heal; to alleviate

alivio *med.* relief

alma soul

alterado, -a *adj.* agitated

alto, -a *adj.* high

altura height

ambiente *m.* environment

ambos both

amígdala tonsil

amigdalitis *f.* tonsilitis

amistad *f.* friendship

ampolla *med.* blister

anaranjado, -a *adj.* orangelike

anciano elderly man

andar to walk

angina *Mex.* tonsil

angina de pecho angina pectoris

animar to become animated

ano anus

anotaciones *f. pl.* notes

ansiedad *f.* anxiety

ante faced with

anterior previous

aparato intrauterino intrauterine device

apertura cultural cross-cultural openness

apoyo moral moral support

aprendizaje *m.* learning

apretado, -a *adj.* tight

aquejar to affect

aquí: de aquí hence

ardor *m.* burning sensation

arrancar to start from

arriba above; **de arriba hacia abajo** from top to bottom

arrojar to throw

articulación *f.* joint

asegurarse to make sure

así thus, like this; **así como** the same as

aspecto feature

ataque *m.* attack; **ataque al corazón** heart attack; **ataque cerebral** stroke; **ataque de epilepsia** epileptic attack

atarantas *pl., coll.* dizziness

atención *f.* attention; **atención médica** health care

atender to take care of

aterrorizador/a *adj.* frightening

aumentar de peso to gain weight

aún más even more

aunque although

averiguar find out

axila armpit

ayuda *n.* help; **ayuda médica** medical care

B

baile *m.* dancing

bajar to lower, bring down; **bajar de peso** to lose weight; **bajar la regla** to get one's period

baño bath

barba beard

barbilla chin

barridas *cult.* sweepings

bazo spleen

bigote moustache

boca mouth

bochornos hot flashes

bocio goiter

boda wedding

bola food bolus

bolo *med.* bolus; **bolo alimenticio** *cult.* food ball

borroso, -a *adj.* blurred

brazo arm

bronquio bronchial tube

brujo witch

buena posición good position

¡bueno, cómo no! well, certainly!

C

cabecita *dim. coll.* little head

cabeza head

cada each; **¿cada cuánto tiempo?** how often?

cadena chain

cadera hip

caer to fall

caída de la mollera (*cult.*) fallen fontanelle

caja torácica rib cage

calambre *m.* cramp

cálculos *med.* stones

calentura *coll.* fever

calor *m.* heat; **calor equilibrado** thermal equilibrium, *cult.* body heat

cama bed

cambio change; **cambio de apetito** appetite change; **cambio de peso** weight change; **cambio en el líbido** change in libido

canerías canneries

cansado, -a *adj.* tired

cansancio fatigue

cantidad: una gran cantidad a great deal

cara face

caracol *m.* snail

caries *f. pl.* cavities

cartel *m.* poster

casarse to marry

casi almost; **casi nunca** almost never

caso: en el caso de que in case of

catarro cold

causa: a causa de due to

ceguera blindness

ceja eyebrow

cerebro brain

charla talk

cicatriz *f.* scar

cintura waist, lower back; **de la cintura para abajo** from the waist down

círculo alrededor circle around

circundar to surround

cirugía del colon surgery of the colon

ciudad *f.* city

clavícula collarbone

coágulo blood clot

codo elbow

cola tail

colapso mental, colapso nervioso nervous breakdown

cólico abdominal cramps, colics

colita *cult.* coccyx

combatir to fight

comenzar to begin

cometer el error to make a mistake

comezón *f.* itch

¿cómo? pardon me?

¿cómo es eso de. . . ? what is that about . . . ?

¡cómo no! of course, certainly

comprensión auditiva listening comprehension

compuesto de formed by

concluir to demonstrate, to conclude

condón *m.* condom, prophylactic

conferencia de prensa press conference

conocer to meet, to know

consejero counselor

consejo advice

constar to certify, to verify

consultorio doctor's office

contacto sexual sexual intercourse

contra *prep.* against; **en contra de** against

control *m.* check-up

contusión *f.* trauma

corazón *m.* heart

cordón espermético *m.* spermatic cord

corriente (*f.*) **de aire** draft

costilla rib

costumbre (*f.*) **dañina** harmful habit

costura sewing

coyuntura joint

cráneo skull

creencia belief

creer to believe, to think

cualquier any

¿cuántos? how many?

cubrir to cover

cuello neck; **cuello del útero** cervix

cuero cabelludo scalp

cuerpo body

cuestión: en cuestión under consideration

cuidado care

cuidadoso, -a *adj.* careful

cuidarse to take care of

culto cult

curandero, -a *cult.* folk healer

curanderismo folk healing

curarse to heal

cutis complexion

cuyo, -a whose

CH

chasquido *n.* snapping noise

chequeo *med.* check-up

choque (*m.*) **emocional** emotional shock

chorizo *Mex.* sausage

D

dañino, -a *adj.* harmful

daño harm

dar to donate, to give; **dar a luz** to give birth; **dar ánimos** to encourage; **dar lugar a** to allow, to give (it) a chance

deber must, have to

debido due to

debilidad *f.* weakness

decongestante (*m.*) **para la nariz** nasal decongestant

dedito *dim. coll.* little finger

dedo finger; **dedo del pie** toe

defunción *f.* death

dejar de to stop

delirio delirium

demasiado, -a *adj.* too much, excessive

demostrar to show

dentro within

deprimido, -a *adj.* down, depressed

derecho *n.* right

derrame *m., med.* bleeding

desaparecer to disappear

desarrollar to develop

descansar to relax, to rest

desconocido, -a *adj.* unknown

desecho *n.* discharge

desencadenar to release

desequilibrio loss of balance

deshacer to undo

deshidratación *f.* dehydration

desmayar to faint

desnutrición *f.* malnutrition

despachar to send for, to fill in

despertar to wake up

destacar to stand out

destreza skill

destructibilidad *f.* vulnerability, destructibility

diapositivo slide

diente *m.* tooth

dieta grasosa diet rich in fat

dificultad (*f.*) **al respirar** difficulty breathing

digno, -a de confianza trustworthy

dirección *f.* address

disfrazado, -a *adj.* disguised

disgusto unpleasantness

disponible *adj.* available

dolencia ailment

doler to hurt, to ache

dolor *m.* tenderness, sensitivity, pain; **dolor agudo** sharp pain; **dolor al orinar** pain when urinating; **dolor de cabeza** headache; **dolor de espalda** back ache; **dolor de estómago** pain in the stomach; **dolor de garganta** sore throat; **dolor de pecho** pain in the chest; **dolor del costado** flank pain; **dolor de músculos** pain in the muscle; **dolor de oídos** earache; **dolor en los testículos** pain in the testicles; **dolores de la regla** *coll.* menstrual cramps

doloroso, -a *adj.* painful

don *m.* gift

durar to last

E

edad *f.* age; **de edad** of age

efecto: en efecto in fact

ejercer to exert

ejercicio exercise

elegir to choose

embarazo pregnancy

embolia embolism, stroke

empacho digestive disorder, *cult.* surfeit

empeorar to worsen

emplear to use

empleo job

enfatizar to stress

enfermedad *f.* disease, illness; **enfermedad de la vesícula** gallbladder disease; **enfermedad del corazón** heart problems; **enfermedad mental** mental health problem; **enfermedad viral** viral disease; **enfermedad mental** mental disease; **enfermedad venérea** venereal disease

enfermo, -a *adj.* sick

enfocar to concentrate upon, to focus

enorme *adj.* tremendous, big

enrojecimiento redness

entidades *cult.* beings

entonces then

entrar en juego to come into play

entre *prep.* among

entrepierna crotch

entrevista *n.* interview

entumecimiento numbness

envenenamiento poisoning

epigastrio pit of the stomach

episodio event

equilibrio balance

erupto burp, belch

es decir that is to say

escalofrío *n.* chill

escasez *f.* shortage

escuchar to listen to

escurrimiento de la nariz runny nose

esfuerzo effort

eslabón *m.* link

eso sí that is so

espalda back

espasmo spasm

esperar to hope

espeso thick

espinilla *med.* blackhead

esposo husband

espuma foam

esqueleto skeleton

estado de salud state of health

estampilla stamp

estar to be; **estar acostumbrado a** to be used to; **estar deprimido** to be depressed; **estar embarazada** to be pregnant; **estar nervioso** to be anxious

esternón *m.* breastbone

estirar to stretch

esto sí que no (verbo) I certainly don't (verb) that

estómago stomach

estornudar sneeze

estreñimiento constipation

evitar to avoid

excremento suelto diarrhea

exhaustivo, -a comprehensive

exigente *adj.* demanding

éxito success

experimentar to feel

extremidad (*f.*) **fría** cold extremity

F

fábrica factory

facilidad: con facilidad easily

factores indicados anteriormente data previously presented

falla *n.* failure

fallar to fail

falta *n.* lack; **falta de aliento** shortness of breath; **falta de apetito** lack of appetite; **falta de respiración** shortness of breath; **falta de sensación** loss of sensation

familia family; **familia interracial** racially mixed family

familiar *m.* relative

fatiga fatigue; **fatiga sin causa** unexplained fatigue

fé *f.* faith

fiebre *f.* fever; **fiebre del heno** hay fever; **fiebre escarlatina** scarlet fever; **fiebre reumática** rheumatic fever; **fiebre tifoidea** typhoid fever

fijación (*f.*) **obsesiva** obsessive fixation

flaco, -a *adj.* thin

flema sputum

fluir to flow into

folleto booklet

formulario form

frente *f.* forehead

frotarse to rub

fuego fire

fuente *f.* source

fuerza power; **fuerza interior** inner strength

G

garganta throat

gastar to spend (money or time)

glándula gland

gota *n.* gout

gozar to enjoy

grado degree

gran, grande *adj.* great, big

granito *dim. coll.* pimple

grasa *n.* fat

gripa *Mex.* flu

gripe *f.* flu

grupo familiar family unit

guía guideline

gustar to like

H

hacer to make; **hacer salir** to push out; **hacer un mal** to hex

hallar to find

hasta even, up to, until; **hasta la fecha** until today; **hasta la vista** see you later

hechicería witchcraft

hecho: de hecho in fact

hereditario, -a *adj.* inherited

herida wound

herpes *m.* herpes zoster, shingles

hígado liver

hinchazón *f.* swelling

hoja clínica medical form, chart

hombro shoulder

hoy mismo *emph.* today

hueso bone

I

ictericia jaundice

iglesia church

impedir to prevent

imprescindible essential

incapacidad *f.* impairment, handicap

indagación *f.* inquiry

índice *m.* index

infancia childhood

infarto del corazón myocardial infarction

infección *f.* infection; **infección de hongos** fungus infection; **infección de los oídos** ear infection

influenza flu

ingle *f.* groin

iniciarse to start

injerto *n.* skin graft

inmunológico *adj.* immune

insolación *f., med.* sunstroke

interior *m.* inside

intestino delgado small intestine; **intestino mayor** large intestine

inyección *f.* injection, shot

inyectar to inject, to give a shot

irritado, -a *adj.* irritated

izquierdo, -a *adj.* left

J

jalea jelly

japonés, -nesa *adj.* Japanese

jaqueca migraine headache

juntar to add, to join

L

labio lip

lado side

lágrima tear

lanzar to throw

lastimadura sprain

lengua tongue

lepra leprosy

levantar la cabeza hacia adelante to raise the head

leve *adj.* light, not serious

libra pound

ligazón (*f.*) **de tubos** tubal ligation

lo: en lo que as far as; **lo más posible** as much as possible; **lo mismo** the same thing; **lo que** what

locura madness

logrado, -a *adj.* obtained

lugar (*m.*) **de nacimiento** place of birth

LL

llaga sore

llamar to call

llorón *n.* crying baby

M

mal *cult.* harm, curse, hex; **mal de ojo** *cult.* evil eye; **mal puesto** *cult.* hex

mal(o), -a *adj.* bad; **mal aire** *cult.* bad air; **mal olor** bad smell; **mal pie** *cult.* bad foot

malestar *m.* discomfort, malaise, crankiness (children)

mamar to suck

mancha spot

mandíbula jaw

manejar to handle

manejo management

manifestado, -a *adj.* shown

mano *f.* hand

mantenido, -a *adj.* supported

marear(se) to feel dizzy

mareo *n.* dizziness

más *adj./adv.* more; **más bien** better; **más gráfico** clearer; **más tarde** later

masa mass, lump

matar to kill

mayor larger, more important

mayoría most of

medicamento medication

médico doctor

médula espinal bone marrow

mejilla cheek

mejorar to improve, to feel better

menstruación *f.* menstrual discharge

mente *f.* mind

mentón *m.* chin

menudo: a menudo *often*

mes *m.* month

método del ritmo the rhythm method

miedo fear

mientras while, meanwhile

migraña migraine

modismo slang expression

modo de conducta behavior pattern

mollera fontanelle

mordedura bite; **mordedura de perro** dog bite

morder to bite

mordida de víbora snakebite

moretón *m.* bruise

mostrar to show

mucosidad *f.* nasal discharge

muerte *f.* death

muerto, -a dead

mujer embarazada pregnant woman

mundo world

muñeco wrist

músculo muscle

muslo thigh

N

nalga buttock

nariz *f.* nose

náusea nausea; **tener náuseas** to feel sick

negar to deny

nervio nerve; **nervios** *cult.* nerves, psychosomatic illness

ni neither

niñez *f.* childhood

nódulo node

normas de conducta rules of behavior, policy

nuca nape
nudillo knuckle
nuez (*f.*) **de Adán** Adam's apple
nunca *adv.* never

O

obligar to force
obrar *med.* to have bowel movements
ocasión *f.* time
oído internal and middle ear; hearing
oir voces to hear voices
ojear put the evil eye on
ojo eye
ombligo navel, belly button
oreja outer ear
organismo body
orinar demasiado polyuria
orzuelo sty
ovario ovary

P

padecer to suffer
padres solteros single parents
pagar en efectivo pay cash
palabras: en otras palabras in other words
palomita de maíz popcorn
palpitación *f.* palpitation of the heart
paludismo malaria
pantorrilla calf
panza *coll.* belly
paño spot
paperas *pl.* mumps
parasitismo parasite infestation
parecer to seem
pared *f.* wall
paro cardíaco heart failure
párpado eyelid

parquisonismo Parkinson's disease
parte *f.* part; **parte de atrás** back part; **parte interna de los párpados** underside of the eyelids; **partes privadas** *cult.* the genitals
parto delivery, labor
pasatiempo pastime
pastilla anticonceptiva birth control pill; **pastilla de hierro** iron pill
patrón *m.* pattern, standard; **patrones de conducta** behavior patterns
payaso clown
pecho chest
pegarse to become stuck
pegajoso, -a *adj.* sticky
peladura abrasion
pelo hair
pelvis *f.* pelvis
pene *m.* penis
pensamiento thought
peor worse
perder to lose
pérdida *cult.* loss, miscarriage; **pérdida de peso** weight loss
pero but
pesadilla nightmare
pesar: a pesar de in spite of
peso weight
pestaña eyelash
picadura de insectos sting
picazón *f.* itching
pie *m.* foot
piel *f.* skin
pierna leg
poder to be able
polvo dust
ponerse to insert
por *prep.* for, by, in order to; **por cierto** in fact; **por ejemplo** for example; **por medio de** by means of; **por otro lado** on the other hand; **por último** lastly

portador *m.* causal agent

precipitarse to start, to precipitate

pregunta *n.* question

preocupado, -a *adj.* worried, concerned

prepararse to get ready

presión *f.* pressure; **presión alta** high blood pressure; **presión arterial baja** low blood pressure

principio: al principio at the beginning

profundo, -a *adj.* deep

propósito purpose

próstata prostate gland

proveer to provide

prueba test; **prueba de la fuerza** treadmill test; **prueba de orina** urine test

pubis *m.* pubic region

pueblo town

pues *coll.* well . . .

puesto que because

pujar to push

pulgar *m.* thumb

pulmón *m.* lung

pulmonía pneumonia

pulso pulse rate

puño apretado tight fist

punto de vista point of view; **punto fijo** fixed point

punzada stabbing pain

pupila pupil (of the eye)

pus *m.* pus; **pus del pene** penile discharge

Q

que *conj.* that; **que sigue** that follows

¿qué? what, how; **¿qué hubo?** *coll.* what's up?; **¡qué lastima!** what a pity!; **¿qué proporción?** what amount? how much?; **¿qué tal?** *coll.* how are you?

quebrantado, -a *adj.* broken up

quedar to remain

queja complaint; **queja principal** chief complaint

quejarse *inf.* to complain

quemadura burn

quirúrgico, -a *adj.* surgical

quiste *m.* cyst

quitar to remove

R

rábano radish

radiografía X-ray

raro, -a *adj.* unusual

rasguño scratch

raspadura abrasion

rasquera *n., coll.* itching

realidad: en realidad in fact, in truth

receta *n.* prescription

recetar to prescribe

rechazo rejection

recién *adv.* newly, recently; **recién viuda** recently widowed

reconocer to admit

reconocimiento acknowledgment

recordar to reminisce, to remember

recto rectum

recuperarse to recover

recurrir to try to

recurso recourse; *pl.* resources

refuerzo: dosis de refuerzo booster shot

regla *n.* menstrual period

regularidad: con regularidad regularly

relajación *f.* relaxation

reloj *m.* clock

rencor *m.* anger

resfriado común cold

respiración (*f.*) **honda** deep breath

respirar to breathe

reunir to gather together

revisar to examine

revisión (*f.*) **sistémica** review of systems

revista magazine

riñón *m.* kidney

ritmo respiratorio respiratory rate

rodear to surround

rodillo knee

romper to break

ronchas *coll.* hives

ronquera hoarseness

ruido de chasquido snapping noise

ruptura del equilibrio loss of balance

S

sacar to remove

sal *f.* salt

sala room; **sala de emergencia** emergency room; **sala de parto** delivery room

salpullido rash

salud *f.* health; **salud mental** mental health

sangrado *n.* bleeding, hemorrhage

sangrar to bleed

sangre *f.* blood; **sangre al orinar** blood in the urine; **sangre en el esputo** blood in sputum; **sangre en el excremento** blood in stool; **sangre en la orina** blood in the urine

sano, -a *adj.* healthy

sarampión (*m.*) **de diez días** measles; **sarampión de tres días** German measles

sarna mange

seco, -a *adj.* dry

secreción *f.* vaginal discharge

seguido, -a *adj.* continuous, frequent; **en seguida** right away

según according to

seno breast

sentido sense, *cult.* sensation; **sentido del humor** sense of humor

sentir to feel, to palpate; **sentir presión en el pecho** to feel pressure on the chest

sentirse to feel, to experience

seña sign

sequedad *f.* dryness

ser to be; **ser internado, -a** to be admitted

ser *m.* being; **ser querido** loved one

si if

SIDA *m.* AIDS

sien *f.* temple

sigla abbreviation

sin without; **sin embargo** however

sobre about, on, on top of

sobrenatural *adj.* supernatural

sólo only

solo, -a *adj.* alone

soltar to release, to dislodge

soltura *cult.* diarrhea

soñoliento, -a *adj.* sleepy, drowsy

soplo *coll.* heart murmur

sordera deafness

sospechar to suspect

sucumbir to collapse

sudor *m.* sweat

sueño sleep, dream

supurar to drain

sustancia química chemical

susto *cult.* magical fright

T

talón *m.* heel

tarea task

té (*m.*) **de menta** mint tea

techo roof

temperatura temperature, fever

tener to have, to possess; **tener la tendencia a** to have a tendency; **tener mucha sed** to be excessively thirsty (polydipsia); **tener mucho apetito** to be excessively hungry (polyphagia); **tener mucho cuidado** to be very careful; **tener mucho miedo** to be very afraid; **tener sed** to be thirsty; **tener sueño** to be sleepy

tener que + *infin.* to have to, must

tensión *f.* strain, stress, tension; **tensión del cuello** neck strain; **tensión emocional** emotional stress

testículo testicle

tétano del recién nacido tetanus of the newborn

tierra earth

tieso, -a *adj.* stiff

tifus (*m.*) **de los nudos linfáticos** scrofula

tinitus *m.* buzzing (in the ears)

tobillo ankle

todavía yet, still

todo alrededor all around

tomar to assume, to take, to drink; **tomar en cuenta** to take into account

tórax *m.* chest

torcedura sprain

torniquete *m.* tourniquet

tos *f.* cough; **tos ferina** pertussis

toser to cough

trabajador/a (*n.*) **de salud** health care worker

tragar to swallow

tranquilito *dim. coll.* calm

transcultural cross-cultural

tras behind

tratado, -a *adj.* treated

tratamiento treatment

tratar to try, to treat

tratarse to deal with, to have to do with

trompa de Falopio Fallopian tube

U

uña nail; **uña del dedo del pie** toenail

uretra urethra

urólogo, -a *n.* urologist

útil *adj.* useful

utilizar to use

V

vacuna vaccination

vacunar to immunize, to vaccinate

válvula valve

varicela chickenpox

várices *f. pl.* varicose veins

vasos sanguíneos blood vessels

veces *pl.* (see **vez**) times; **a veces** sometimes; **muchas veces** many times; **veces al día** times per day

vecino *n.* neighbor

vejiga bladder

vello body hair, pubic hair

vena vein

ventaja advantage

ventanilla nostril

ver to see

verdadero, -a *adj.* truthful

verruga wart

vesícula gallbladder

vez *f.* time; **otra vez** again; **última vez** the last time; **una vez hecho** once done

víbora snake

vida normal normal life

vino wine

viruela smallpox; **viruelas locas** *cult.* smallpox

visión *f.* eyesight; **visión borrosa** blurred vision; **visión doble** double vision

vista *n.* eyesight

visto *n.* check mark

viudez *f.* widowhood

vivir to live

vivo, -a *adj.* alive

voluntad *f.* will

vómito *n.* vomit

Y

ya already, now; **ya que** since

yacer to lie

Z

zumbido *n.* tinnitus, *coll.* buzzing

English-Spanish
Vocabulary

A

abbreviation sigla

able: to be able poder

about sobre

abrasion peladura, raspadura

according (to) según

account: to take into account tomar en cuenta

ache doler *v.*

acknowledgment reconocimiento

acute agudo, -a *adj.;* **to become more acute** agudizarse

Adam's apple nuez (*f.*) de Adán

add juntar

address dirección *f.*

admit reconocer; **to be admitted** ser internado, -a *adj.*

advise aconsejar

affect aquejar

afraid: to be very afraid tener mucho miedo

again otra vez

against en contra de, contra *prep.*

age edad *f.;* **of age** de edad

agent (causal) portador *m.*

agitated alterado, -a *adj.*

AIDS SIDA *m.*

ailment dolencia

air: bad air mal aire *m., cult.*

alive vivo, -a *adj.*

alleviate aliviar

allow dar lugar a

almost casi; **almost never** casi nunca

alone solo, -a *adj.*

already ya

although aunque

among entre *prep.*

anger rencor *m.*

angina pectoris angina de pecho

animated: to become animated animar

ankle tobillo

anus ano

anxiety ansiedad *f.*

anxious: to be anxious: estar nervioso, -a *adj.*

any cualquier

arm brazo

armpit axila

around: all around todo alrededor

assume tomar

attack: epileptic attack ataque (*m.*) de epilepsia; **heart attack** ataque al corazón

available disponible *adj.*

avoid evitar

B

back espalda; **lower back** cintura

backache dolor (*m.*) de espalda

balance equilibrio

ball: food ball bolo alimenticio *cult.*

beard barba

because puesto que

bed cama

begin comenzar

beginning: at the beginning al principio

behavior conducta; **behavior patterns** modos de conducta; **rules of behavior** normas de conducta

behind tras

beings entidades *f., cult.*

belch erupto

belief creencia

believe creer

belly panza *coll.;* **belly button** ombligo

beloved (one) ser (*n.*) querido

better más bien

big enorme, gran, grande *adj.*

birth: birth control pill pastilla anticonceptiva; **to give birth** aliviarse, dar a luz; **place of birth** lugar (*m.*) de nacimiento

bite mordedura *n.*; **dog bite** mordedura de perro

bite morder

blackhead espinilla

bladder vejiga

bleed sangrar

bleeding derrame *m.*, sangrado

blindness ceguera

blister ampolla

blood sangre *f.*; **blood in excrement** sangre en el excremento; **blood in sputum** sangre en el esputo; **blood in the urine** sangre en la orina; **blood vessels** vasos sanguíneos

blurred borroso, -a *adj.*

body cuerpo, organismo

bone hueso; **bone marrow** médula espinal

booklet folleto

both ambos, -as

brain cerebro

break romper

breakdown: nervous breakdown colapso mental, colapso nervioso

(difficulty) breathing: el ahogo

breast seno

breastbone esternón

breath: deep breath respiración (*f.*) honda; **shortness of breath** falta de respiración, falta de aliento

breathe respirar

breathing: difficulty breathing dificultad al respirar

broken up quebrantado, -a *adj.*

bruise moretón *m.*

burn quemadura

burp erupto

but pero

buttock nalga

buzzing zumbido *n., coll.,* tinitus *m.*

C

call llamar

calf pantorrilla

calm tranquilito *dim. coll.*

cannery canería

care cuidado; **health care** atención (*f.*) médica; **health care worker** trabajador/a (*n.*) de salud; **medical care** ayuda médica; **to take care of** atender

careful cuidadoso, -a *adj.;* **to be careful** tener mucho cuidado

case: (in) case of en el caso de que

cavities caries *f.*

certainly ¡cómo no!

cervix cuello del útero

certainly! ¡bueno, cómo no!

chain cadena

change cambio

change in appetite cambio de apetito; **change in libido** cambio en el libido; **weight change** cambio de peso

chart hoja clínica

check mark visto *n.*

check-up control; **check-up** chequeo *med.*

cheek mejilla

chemical sustancia química

chest pecho, tórax *m.*

chickenpox varicela

childhood infancia, niñez *f.*

chill escalofrío *n.*

chin barbilla, mentón *m.*

choose elegir

church iglesia

circle around círculo (*n.*) alrededor

city ciudad *f.*

clearer más gráfico

clot coágulo

coccyx colita *cult.*

cold frío, -a *adj.*; **cold extremity** extremidad (*f.*) fría

cold catarro, resfriado común

colic cólico

collarbone clavícula

come into play entrar en juego

complain quejarse

complaint queja; **chief complaint** queja principal

complexion cutis *m.*

comprehension: listening comprehension comprensión auditiva

comprehensive exhaustivo, -a *adj.*

concentrate on enfocar

concerned preocupado, -a *adj.*

conclude concluir

condition: psychosomatic condition nervios *cult.*

condom condón *m.*

conference: press conference conferencia de prensa

consideration: under consideration en cuestión

constipation estreñimiento

continuous seguido, -a *adj.*

cord: spermatic cord cordón (*m.*) espermético; **spinal cord** médula espinal

cough tos *f.*

cough toser

counselor consejero

cover cubrir

cramp calambre *m.*; **abdominal cramps** cólico; **menstrual cramps** dolores (*m.*) de la regla *coll.*

cross-cultural transcultural

crotch entrepierna

cult culto

curse mal *m.*

cyst quiste *m.*

D

dancing baile *m.*

data (previously presented) factores (*m.*) indicados anteriormente

deal (with) tratarse de

deal: a great deal una gran cantidad *f.*

death defunción *f.*, muerte *f.*

deep profundo, -a *adj.*

degree grado

dehydration deshidratación *f.*

delirium delirios *m. pl.*

delivery parto; **delivery room** sala de parto

demonstrate concluir

deny negar

depressed deprimido, -a *adj.*

destructibility destructibilidad *f.*

develop desarrollar

device: intrauterine device aparato intrauterino

diarrhea soltura *cult.*; excremento suelto

disappear desaparecer

discharge: menstrual discharge menstruación *f.*; **nasal discharge** desecho, mucosidad *f.*; **penis discharge** pus (*f.*) del pene; **vaginal discharge** secreción *f.*

disease enfermedad *f.*; **gallbladder disease** enfermedad de la vesícula;

mental illness enfermedad mental; **Parkinson's disease** parquinsonismo; **venereal disease** enfermedad venérea; **viral disease** enfermedad viral

dislodge soltar

donate dar

disorder: digestive disorder empacho *cult.*

dizziness atarantas *f. pl.,* mareo

dizzy: to feel dizzy marear(se)

doctor médico

double vision visión (*f.*) doble

draft corriente (*f.*) de aire

drain supurar

drink tomar

drowsy somnoliento

dryness sequedad *f.*

due to debido a, a causa de

dust polvo

E

each cada

ear (external) oreja; **ear (internal and middle)** oído; **earache:** dolor (*m.*) de oídos; **ear infection** infección (*f.*) de los oídos

earth tierra

easily con facilidad

effort esfuerzo

elbow codo

elderly (man) anciano

embolism embolia

emergency room sala de emergencia

encourage dar ánimos

enlargement agrandamiento *n.*

environment ambiente *m.*

essential imprescindible

even hasta

event episodio

example: for example por ejemplo

examine revisar

exercise ejercicio

exert ejercer

exhausting agotador/a *adj.*

expression: slang expression modismo

eye ojo; **evil eye** mal (*m.*) de ojo *cult.*

eyebrow ceja

eyelash pestaña

eyelid párpado

eyesight vista *n.*

F

face cara

faced with ante

fact: in fact en efecto, de hecho

factory fábrica

fail fallar

faint desmayar

failure falla

faith fé *f.*

fall caer

family: racially mixed family familia interracial

far: as far as en lo que

fat grasa; **diet rich in fat** dieta grasosa

fatigue cansancio; **unexplained fatigue** fatiga sin causa

fear miedo; **generalized fear** alarma generalizada

feature aspecto

feel sentir, experimentar; **feel (to experience)** sentir(se)

fever fiebre *f.*, temperatura, calentura *coll.*, **hay fever** fiebre del heno; **rheumatic fever** fiebre reumática; **scarlet fever** fiebre escarlatina; **typhoid fever** fiebre tifoidea

fight combatir

fill in despachar

find hallar

find out averiguar

finger dedo; **little finger** dedito *dim. coll.*

fist: tight fist puño apretado

fixation: obsessive fixation fijación (*f.*) obsesiva

flashes: hot flashes bochornos

flow into fluir

flu influenza, gripe *f.*, gripa

focus enfocar

follows: that follows que sigue

fontanelle mollera; **fallen fontanelle** la caída de la mollera *cult.*

foot pie *m.*; **bad foot** mal (*m.*) pie *cult.*

force obligar

forehead frente *f.*

form formulario; **medical form** hoja clínica

formed (by) compuesto de

frequent seguido, -a *adj.*

friendship amistad *f.*

fright: magical fright susto *cult.*

frightening aterrorizador/a *adj.*

fungus infection infección (*f.*) de hongos

G

gallbladder vesícula

gather (together) reunir

genitals partes privadas *cult.*

gift don *m.*

give dar; **give it a chance** dar lugar a

gland glándula; **prostate gland** próstata

goiter bocio

gout gota

gozar enjoy

graft: skin graft injerto *n.*

great gran, grande *adj.*

groin ingle *f.*

guideline guía

H

hair pelo; **body hair** vello; **pubic hair** vello

hand mano *f.*; **on the other hand** por otro lado

handicap incapacidad *f.*

handle manejar

harm mal *m.*, daño

harmful dañino, -a *adj.;* **harmful habit** costumbre dañina

have to tener que; **have to (do with)** tratarse de

head cabeza; **little head** cabecita *dim. coll.*

headache dolor (*m.*) de cabeza

heal curarse, aliviar

healer: folk healer curandero, -a *cult.;* **folk healing** curanderismo

health salud *f.*; **state of health** estado de salud

healthy sano, -a *adj.*

hearing sentido, oir *m.*, audición *f.*

heart corazón *m.*; **heart failure** paro cardíaco; **heart murmur** soplo *coll.;* **heart problems** enfermedad (*f.*) del corazón

heartburn agruras *n.*, acidez *f.*

heat calor *m.*; **body heat** calor equilibrado *cult.*

heel talón *m.*

height altura

help ayuda *n.*

hemorrhage sangrado *n.*

hence de aquí

herpes zoster herpes *m*.

hex mal (*m*.) puesto *cult.;* **to hex** hacer un mal

high alto, -a *adj*.

hip cadera

hives ronchas

hoarseness ronquera

hope esperar

how are you? ¿qué tal? *coll*.

how many? ¿cuántos?

how much? ¿qué proporción?

however sin embargo

hurt doler

husband esposo

I

if si

illness enfermedad *f*.

immune inmunológico, -a *adj*.

immunize vacunar

impairment incapacidad *f*.

in addition además

in spite of a pesar de

in fact en realidad, por cierto

index índice *m*.

inherited hereditario, -a *adj*.

inject inyectar

injection inyección *f*.

inquiry indagación *f*.

insert poner, ponerse

inside interior *m*.

intercourse: sexual intercourse contacto sexual

interview entrevista *n*.

intestine: large intestine intestino mayor; **small intestine** intestino delgado

itch comezón *f*.

itching rasquera *n*., *coll.*, picazón *f*.

J

Japanese japonés, -nesa *adj*.

jaundice ictericia

jaw mandíbula

jelly jalea

job empleo

join juntar

joint articulación *f*., coyuntura

K

kidney riñón *m*.

kill matar

knee rodilla

knuckle nudillo

L

labor parto

lack of falta (*n*.) de; **lack of appetite** falta de apetito

larger mayor

last durar *v*.

lastly por último

later más tarde; **see you later** hasta la vista

learning aprendizaje *m*.

leave abandonar

left izquierdo, -a *adj*.

leg pierna

leprosy lepra

lie yacer

life: normal life vida normal

light leve *adj*.

like gustar *v*.

like this así

link eslabón *m*.

lip labio

listen to escuchar

live vivir

liver hígado

lose perder

loss pérdida; **loss of balance** desequilibrio, ruptura del equilibrio; **loss of sensation** falta de sensación

loved one ser (*m.*) querido

lump masa

lung pulmón *m.*

month mes *m.*

more: even more aún más

moreover además

most (of) mayoría

moustache bigote *m.*

mouth boca

mumps paperas *pl.*

muscle músculo

must deber, tener que

myocardial infarction infarto del corazón

M

madness locura

magazine revista

malaise malestar

malaria paludismo

malnutrition desnutrición *f.*

management manejo

mange sarna

marry casarse

mass masa

mean: what do you mean? ¿cómo es eso de?

means: by means of por medio de

meanwhile mientras

measles sarampión (*m.*) de diez días; **German measles** sarampión de tres días

meet conocer, encontrar

mental health salud (*f.*) mental; **mental illness** enfermedad (*f.*) mental

method: rhythm method método del ritmo

migraine headache jaqueca, migraña *cult.*

mind mente *f.*

miscarriage pérdida *cult.;* aborto espontáneo

mistake: make a mistake cometer un error

N

nail uña

nape nuca

nasal decongestant decongestante (*m.*) para la nariz

nausea náusea

navel ombligo

neck cuello

needle aguja

neighbor vecino

neither ni

nerve nervio; **nerves (psychosomatic condition)** nervios *cult.*

never nunca

newborn recién nacido; **tetanus of the newborn** tétano del recién nacido

nightmare pesadilla

node nódulo

noise: snapping noise ruido de chasquido

nose nariz *f.;* **runny nose** escurrimiento de la nariz

nostril ventanilla

notes anotaciones *f.*

now ya

nowadays en la actualidad

numbness entumecimiento

O

obtained logrado, -a *adj.*

of course ¡cómo no!

office: doctor's office consultorio

often a menudo; **how often?** ¿cada cuánto tiempo?

oil aceite *m.*; **castor oil** aceite de castor

old gran, grande *adj.*

on sobre

once done una vez hecho

only sólo

openness: cross cultural openness apertura cultural

orangelike anaranjado, -a *adj.*

ovary ovario

P

pain dolor *m.*; **flank pain** dolor del costado; **pain in the chest** dolor de pecho; **pain in the muscles** dolor de músculos; **pain in the stomach** dolor de estómago; **pain in the testicles** dolor en los testículos; **pain when urinating** dolor al orinar; **sharp pain** dolor agudo

painful doloroso, -a *adj.*

palpate sentir, tocar

palpitation (of the heart) palpitación *f.*

parasite infestation parasitosis *f.*

parents: single parents padres solteros

part: back part parte (*f.*) de atrás

pastime pasatiempo

pelvis pelvis *f.*

penis pene *m.*

period: menstrual period regla; **miss a period** no bajar la regla

pertussis tos (*f.*) ferina

pimple granito *dim. coll.*

pit (of the stomach) epigastrio

pity: what a pity! ¡qué lástima!

pneumonia pulmonía

point: fixed point punto fijo

poisoning envenenamiento

polydipsia tener mucha sed

polyphagia tener mucho apetito

polyuria orinar demasiado

position: good position buena posición

possible: as much as possible lo más posible

poster cartel *m.*

pound libra

power fuerza

precipitate precipitarse

pregnancy embarazo

pregnant: to be pregnant estar embarazada; **pregnant woman** mujer (*f.*) embarazada

prescription receta

pressure: blood pressure presión (*f.*) arterial; **high blood pressure** presión alta; **pressure on the chest** presión en el pecho

prevent impedir

previous anterior

prophylactic condón *m.*

provide proveer

pubic region pubis *m.*

pulse rate pulso

pupil pupila

purpose propósito

push pujar; **push out** hacer salir

Q

question pregunta *n.*

R

radish rábano

raise the head levantar la cabeza hacia arriba

rash salpullido
respiratory rate ritmo respiratorio
ready: to get ready prepararse
recover recuperarse
rectum recto
redness enrojecimiento
regularly con regularidad
rejection rechazo
relative familiar (*m.*) pariente
relax descansar
relaxation relajación *f.*
release desencadenar, soltar
relief alivio
remain quedar
remember recordar
reminisce recordar
remove quitar, sacar
resource recurso
rest descansar
rib cage caja toráxica
rub frotarse
review (of systems) revisión sistémica
rib costilla
right derecho *n.*
right away ahora mismo, en seguida
right now ahorita *coll.*
roof techo

S

salt sal *f.*
same as así como
same thing lo mismo
say: that is to say es decir
scalp cuero cabelludo
scar cicatriz *f.*
scratches rasguños
scrofula tifus (*m.*) de los nudos linfáticos

see ver
seem parecer
send for despachar
sensation sentido *cult.;* **burning sensation** ardor *m.;* **sense of humor** sentido del humor
sensitivity dolor
serious grave; **(not) serious** leve *adj.*
sewing costura
shelter acoger
shingles herpes *m.*
shock: emotional shock choque (*m.*) emocional
shortage escasez *f.*
shot inyección *f.;* **give a shot** inyectar
shoulder hombro
show demostrar, mostrar
shown manifestado, -a *adj.*
sick enfermo, -a *adj.*
side lado
sign seña
since ya que
sitzbath baño de asiento
skeleton esqueleto
skill destreza
skin piel *f.*
skull cráneo
sleep sueño
sleepy soñoliento, -a *adj.;* **to be sleepy** tener sueño
slide diapositivo
smallpox viruelas locas *cult.;* viruela
smell: bad smell mal olor *m.*
snake víbora
sneeze estornudar
so: that is so eso sí, eso es
sometimes a veces
sorcerer brujo
sore llaga *n.*

source fuente *f.*

spasm espasmo

spleen bazo

spots manchas

sprain lastimadura, torcedura

sputum flema

stabbing punzada

stamp estampilla

stand out destacar

start precipitarse, iniciar, empezar; **start (from)** arrancar

still todavía

sting picadura de insectos

stomach estómago

stones cálculos

stop dejar de

strain: neck strain tensión (*f.*) del cuello

strength: inner strength fuerza interior

stress enfatizar

stress: emotional stress tensión (*f.*) emocional

stretch estirar

stroke ataque (*m.*) cerebral, embolia

stuck: to become stuck pegarse

sty orzuelo

success éxito

suffer padecer

sunstroke insolación

supernatural sobrenatural *adj.*

support: moral support apoyo moral

supported mantenido, -a *adj.*

sure: to make sure asegurarse

surfeit empacho *cult.*

surgery of the colon cirugía del colon

surgical quirúrgico, -a *adj.*

surround circundar, rodear

suspect sospechar

swallow tragar

sweat sudor *m.*

sweepings barridas *cult.*

swelling hinchazón *f.*

T

tail cola

take tomar

talk charla

task tarea

tea: mint tea té (*m.*) de menta

tears lágrimas

temperature temperatura

temple sien *f.*

tendency: to have a tendency tener la tendencia a

tenderness dolor

test prueba; **treadmill test** prueba de la fuerza; **urine test** prueba de orina

testicle testículo

thank agradecer

then entonces

therefore de ahí

thermal equilibrium calor equilibrado

thick espeso

thigh muslo

thin flaco, -a *adj.*

think creer

thirsty: to be thirsty tener sed

thought pensamiento

throat garganta; **sore throat** dolor (*m.*) de garganta

throw lanzar, arrojar

thumb pulgar *m.*

thus así

time ocasión *f.*, vez *f.*; **the last time** la última vez; **times per day** veces (*f.*) al día

tincture tintura

tinnitus tinitus *m.*, zumbido

tired cansado, -a *adj.*

today hoy mismo *emph.*

toe dedo del pie

toenail uña del dedo del pie

tongue lengua

tonsil amígdala, angina

tonsilitis amigdalitis *f.*

too much demasiado, -a *adj.*

tooth diente *m.*

top: from top to bottom de arriba hacia abajo; **on top of** sobre, encima de

town pueblo

trauma contusión *f.*

treat tratar

treated tratado, -a *adj.*

treatment tratamiento

tremendous enorme *adj.*

trustworthy digno, -a *(adj.)* de confianza

truth: in truth en realidad

truthful verdadero, -a *adj.*

try tratar; **try to** recurrir a

tubal ligation ligazón *(f.)* de tubos

tube: bronchial tube bronquio; **Fallopian tube** trompa de Falopio

U

undo deshacer

unit: family unit grupo familiar

unknown desconocido, -a *adj.*

unpleasantness disgusto

until hasta; **until today** hasta la fecha

unusual raro, -a *adj.*

up to hasta

urethra uretra

urologist el (la) urólogo(-a) *n.*

use emplear, utilizar

used to acostumbrado, -a *adj.;* **to be used to** estar acostumbrado, -a

useful útil *adj.*

V

vaccinate vacunar

vaccination vacuna

valve válvula

vein vena; **enlargement of the veins** agrandamiento de las venas; **varicose veins** várices *f.*

view: point of view punto de vista

vision: blurred vision visión (*f.*) borrosa

voices: to hear voices oir voces

vomit vómitos *n., pl.*

vulnerability destructibilidad *f.*

W

waist cintura; **from the waist down** de la cintura para abajo

wake up despertar

wall pared *f.*

warts verrugas

weakness debilidad *f.*

wedding boda

weight peso; **gain weight** aumentar de peso; **lose weight** bajar de peso; **weight loss** pérdida de peso

well. . . pues *coll.*

what lo que; **what amount?** ¿qué proporción?; **what is that about . . . ?** ¿cómo es eso de. . . ?; **what's up?** ¿qué hubo? *coll.*

while mientras

whose cuyo, -a *adj.*

widowed: recently widowed recién viuda

widowhood viudez *f.*

will voluntad *f.*

wine vino

witchcraft hechicería

within dentro

words: in other words en otras palabras

world mundo

worried preocupado, -a *adj.*

worse peor

worsen empeorar

wound herida

wrist muñeco

X

X ray radiografía

Y

yet todavía

Index